Le Nouvel Houdini

Past Tense Version

**Cover and Chapter Art by
Robert Matsudaira**

by
Carol Gaab

**French Adaptation by
Lynnette St. George**

**Edited by
Claire Séveignier & Carol Gaab**

Copyright © 2010 by Fluency Matters
All rights reserved.

ISBN: 978-1-935575-30-6

Fluency Matters, P.O. Box 11624, Chandler, AZ 85248
info@FluencyMatters.com • FluencyMatters.com

A NOTE TO THE READER

This fictitious novel is based on the top 220 words in French. It contains a *manageable* amount of high-frequency vocabulary and countless cognates (words that are similar in two languages), making it an ideal first read for beginning language students.

Essential vocabulary is listed in the glossary at the back of the book. Keep in mind that many verbs are listed in the glossary more than once, as most appear throughout the book in various forms and tenses. (Ex.: I go, he goes, he went, etc.) Vocabulary that would be considered beyond a 'novice-low' level is footnoted within the text, and the meanings given at the bottom of the page where each occurs.

You may have already noticed that there are two versions to this story, a past-tense version and a present-tense version. You may choose to read one or the other, or both. Whatever version you choose, we encourage you to focus on enjoying the story versus studying the tense in which it is written.

The opinions and events in this story do not reflect or represent the opinions or beliefs of Fluency Matters. This novel is intended for educational entertainment only. We hope you enjoy reading it!

Table of Contents

Past Tense Version

To read this story in present tense, please turn the book over.

Chapitre 1
Une Situation horrible

– Braaaaandon ! –a appelé la mère de Brandon.

Brandon était dans sa chambre, quand sa mère l'a appelé. Brandon parlait avec ses amis sur Facebook. Il parlait des vacances de ses parents.

Les parents de Brandon allaient partir en vacances demain. Ils allaient partir pour Hawaï, alors sa sœur, Katie, allait arriver demain chez Brandon.

Brandon avait une sœur. Elle s'appelait Katie. Sa sœur, Katie, avait vingt ans et habitait un appartement à l'université. Elle n'habitait plus chez ses parents. Brandon habitait chez lui avec ses parents. Il était très content parce que ses parents allaient faire un voyage demain et que sa sœur, Katie, allait arriver demain.

– Braaaandon! –a appelé sa mère avec impatience.

– Un instant maman, j'arrive –lui a répondu Brandon.

Brandon est allé parler avec sa mère. Sa mère et son père étaient dans leur chambre en train de préparer le voyage. Brandon est entré dans la chambre et a dit à sa mère :

> – Oui, maman
>
> – Brandon, ta sœur ne peut pas venir.
>
> – Comment ? Katie ne peut pas venir ?
>
> – Non, Brandon, ta sœur ne peut pas venir. Elle ne peut pas rester avec toi pendant le voyage.

Rester seul n'était pas un problème pour Brandon. Il avait seize ans et il était responsable. Il était presque un adulte. Il a dit à ses parents :

> – Je suis presque un adulte. Je peux rester seul.
>
> – Brandon, tu ne peux pas rester seul.
>
> – Mais si, je peux rester seul, j'ai seize ans. Je préfère rester seul !
>
> – Brandon, tu ne vas pas rester seul. Ta grand-mère va venir. Elle va rester avec toi.

Brandon n'était pas content. Il préférait rester avec sa sœur. Il préférait ne pas rester avec sa grand-mère. Sa grand-mère était très stricte ! C'était une situation insupportable ! C'était une situation horrible ! Il a dit ses parents :

> – Grand-mère est très stricte ! Pourquoi est-ce que je ne peux pas rester seul ?
>
> – Parce que ta mère et moi préférons que tu restes avec un adulte –lui a répondu son père.

Brandon n'était pas content Il était furieux ! Il est allé dans sa chambre et s'est connecté sur Facebook. « Incroyable », il a commenté, « ma sœur ne vient pas. MA GRAND- MÈRE VIENT. MA GRAND-

MÈRE va rester avec moi ». Brandon est resté dans sa chambre pendant deux heures. À 19 heures, sa grand-mère est arrivée à la maison et sa mère a appelé :

– Braaandon...

Brandon continuait à parler avec ses amis sur Facebook.

– Braaandon!...

Brandon s'est déconnecté de Facebook et est allé parler avec sa grand-mère.

– Bonjour, Grand-mère

– Bonjour, Brandon ! Comment vas-tu ?

– Bien, et toi ?

– Je suis très contente. Rester avec toi, c'est merveilleux –Sa grand-mère lui a répondu– Je t'adore.

Brandon ne lui a pas répondu et il y a eu un moment de silence. Son père a sauvé[1] la situation. Il a dit à Grand-mère :

– Nous t'adorons aussi.

Son papa avait l'itinéraire pour le voyage et un papier avec les règles de la maison. Il a dit à Grand-mère:

> – J'ai l'itinéraire pour le voyage. Nous partons demain à 5 heures du matin.

Itinéraire

Dimanche – Vol[2] #227 – arrivée Kawaii @ 11 h.

Samedi - Vol #555 – arrivée Denver @ 3 h 15.

Hôtel: Palace Kawaii (555) 555-5555

Règles[3] de la maison

Brandon ...

1) Ne peut pas avoir d' amis à la maison.

2) Doit[4] aller directement à la maison après l'école.

3) Ne peut pas conduire ma voiture!

La grand-mère a regardé l'itinéraire et a re-gardé les règles de la maison :

> – Brandon ne peut pas conduire ta T-bird? – Grand-mère a demandé au papa de Bran-don.
>
> – Non! Brandon ne peut pas conduire ma T-bird. Ma T-bird est très spéciale. Ma T-bird est mon bébé !

Brandon a remarqué avec sarcasme :

> – Oui, Grand-mère, sa T-bird est très impor-tante. C'est plus important que moi.

Son père n'a pas répondu et Brandon n'a rien dit. Il est allé dans sa chambre en silence.

¹*a sauvé - saved*
²*vol - flight*
³*règles - rules*
⁴*doit - must*

Chapitre 2
Au revoir !

À 5 heures du matin, les parents de Brandon sont entrés dans la chambre de Brandon pour lui dire « *Au revoir* ». Sa maman lui a dit doucement :

– Brandon...

Brandon dormait et ne lui a pas répondu.

– Brandon, nous partons.

Brandon ne lui a pas répondu, mais sa maman lui a caressé les cheveux doucement . Brandon continuait à dormir. Sa maman lui a caressé les cheveux à nouveau. Elle lui a répété :

— Brandon, nous partons.

Brandon ne dormait pas. C'était évident que Brandon était furieux. Sa maman a caressé ses cheveux doucement et lui a dit :

— Au revoir, Brandon. Nous partons.

Brandon lui a répondu sur un ton furieux :

— Au revoir.

— Brandon, –lui a dit sa mère– je sais que tu es furieux, mais nous n'avions pas le choix.

Brandon était furieux et n'a pas répondu à sa mère. Elle a continué à parler :

— Brandon, s'il te plaît, obéis à ta grand-mère et aux règles de la maison.

— D'accord, Brandon lui a répondu, furieux.

— Brandon ! –a crié son père– respecte ta maman un peu. Ne lui parle pas sur ce ton[1]!

Son papa était furieux et il a continué à crier après Brandon :

— Brandon, nous n'avions pas le choix. Tu vas rester avec ta grand-mère et tu vas lui obéir. Et tu vas obéir aux règles de la maison !

— Oui, Papa. Je vais respecter les règles : Pas

---

[1]*sur ce ton - with that tone*

d'amis à la maison. Aller directement à l'école. Ne pas conduire ta voiture à toi, ta précieuse T-bird –Brandon a répété les règles d'un ton sarcastique !

Maintenant son papa était furieux, mais il ne criait plus. Il lui a dit « *au revoir* » et il est parti. Sa maman lui a caressé les cheveux doucement et lui a dit :

– Brandon, je sais que tu es furieux, mais nous n'avions pas le choix. Tu es obéissant et je sais que tu vas obéir à ta grand-mère. Au revoir.

Sa mère est partie et Brandon ne lui a pas répondu. Il était frustré. Il était furieux contre sa sœur parce qu'elle ne venait pas à la maison, et il était furieux contre son père parce qu'il ne lui permettait pas de conduire sa voiture.

Brandon est resté au lit. Il est resté au lit pendant 3 heures, mais il n'a pas dormi. Il communiquait avec ses amis. Il utilisait son téléphone portable. Il envoyait des textos. Il avait une conversation intéressante avec un ami en particulier. Son ami Jake.

Non, non, tu ne peux pas. Pas d'amis à la maison.

Peux-tu venir chez moi ?

Non, ma grand-mère et moi, nous allons à l'église[2], puis à la Pizzeria Bianco.

Dans la voiture de ton père ?

Non, personne ne peut conduire sa voiture.

Tu ne peux pas conduire la voiture de ton papa ?

Absolument pas !

Rien n'est absolu. J'ai une idée. Appelle-moi demain !

[2]l'église - the church

Chapitre 3
La Voiture ne fonctionne pas !

À 6 heures du matin, Brandon s'est levé. Il s'est levé tôt parce qu'il voulait parler à Jake. Brandon a téléphoné à Jake sur son portable. « Dring… dring »

– Bonjour ! Pizzeria Bianco, je vous écoute[1]

–a dit Jake en répondant au téléphone.

Jake était très drôle. Il répondait toujours d'une manière drôle.

[1] *je vous écoute - Literally: I'm listening to you.*
Figuratively: Go ahead talk, I'm listening to you. (May I help you?)

– Salut Jake, qu'est-ce qui se passe ?

– Rien.

– Rien ?

Jake n'a dit rien de son idée et Brandon devenait impatient. Brandon lui a dit :

– Jake, tu as une idée ou pas ?

– J'ai toujours des idées ! ha ha ha.

Jake avait toujours des idées,… pas toujours très bonnes. Les idées de Jake causaient des problèmes. Brandon lui a demandé :

– Quelle est ton idée ?

À ce moment- là, Grand-mère a interrompu la conversation :

– Braaaandon...? Veux-tu manger ?

– Oui, Grand-mère, je veux manger... Un
instant s'il te plaît.

Brandon a répété sa question :

– Quelle est ton idée ?

– C'est une idée magnifique !

– Quelle idée ? –Brandon lui a demandé impatiemment.

Maintenant, Brandon était embêté. Il voulait
conduire la voiture de son père, mais il n'avait pas
la permission de son père. Brandon ne voulait pas
de problèmes, mais il se demandait : *« Qu'est-ce que
c'est, l'idée de Jake? »*. Enfin, Jake lui a répondu :

– Si la Buick ne fonctionne pas, tu peux
conduire la voiture de ton père.

– Mais la Buick fonctionne parfaitement.

– Débranche un câble du moteur, et quand
la Buick ne foncti….

Encore une fois, Grand-mère a interrompu la
conversation :

– Braaaandon... ? Que fais-tu ? Viens-tu manger ?

– Oui, Grand-mère –Brandon lui a répondu avec impatience– Je vais manger dans un moment.

Maintenant, Brandon était très embêté ! Jake avait une idée magnifique, mais l'idée n'était pas honnête. Embêté, Brandon a dit à Jake :

– Ma grand-mère m'appelle. Je dois y aller.

– Qu'est-ce que tu vas faire ?

– Je ne sais pas.

Jake voulait que Brandon puisse conduire la voiture, alors Jake lui a dit :

– Mon idée est parfaite! Tu vas pouvoir conduire la voiture.

– Rien n'est parfait… je dois y aller. À bientôt.

« clic »

Brandon est allé dans la cuisine pour parler avec sa grand-mère. Elle préparait le café dans la cuisine.

– Bonjour, Grand-mère.

– Bonjour, Brandi, qu'est ce que tu veux manger ?

– Des céréales.

Brandon a parlé avec sa grand-mère et a mangé ses céréales rapidement. Sa grand-mère a commenté :

> – Brandi, tu manges très rapidement !
>
> – Oui, Grand-mère, je dois aller à l'école un peu tôt.
>
> – Pourquoi ?
>
> – Aaaaa… Pour... pour parler de mon projet de biologie avec Monsieur Dubois.

En réalité, Brandon ne devait pas parler avec M. Dubois. Il a mangé rapidement parce qu'il était embêté. Il pensait à l'idée de Jake. Cinq minutes plus tard, Brandon lui a dit :

> – À bientôt, Grand-mère !

– À bientôt, Brandi.

Brandon est entré dans le garage et a regardé la voiture de son père. Il l'a caressée. C'était une voiture incroyable ! C'était une T-bird bleue de 1956. C'était une merveille ! Brandon voulait tellement[2] conduire la voiture. Quelle occasion fantastique !

Brandon était hyper nerveux et a débranché rapidement le câble du moteur de la Buick. Il est rentré dans la maison et a appelé sa grand-mère :

> – Grand-mère !... Grand-mère, la voiture ne
> fonctionne pas.
> – Comment ça ?

[2]*tellement - so much*

– Le moteur de la Buick ne fonctionne pas.
Qu'est-ce que je vais faire ?

– Oh là là ! Je dois aller chez le docteur,
alors, tu ne peux pas conduire ma voiture.

Brandon était hyper content et s'est écrié :

– Alors… je dois conduire la voiture de mon
père.

– Oui. Tu n'as pas le choix.

Chapitre 4
Un Accident horrible

Brandon est monté dans la voiture de son père. Il était hyper content ! Il n'est pas allé directement à l'école. Il est passé devant la maison d'une très belle fille. Elle s'appelait Marianne, et elle habitait l'avenue Remington. Brandon est passé et a regardé la maison avec attention. Il voulait voir Marianne. Il voulait l'impressionner avec sa voiture élégante. Brandon ne l'a pas vue, alors il est allé à l'école.

Brandon avait la musique très fort dans la voiture en arrivant à l'école. Tous les étudiants admiraient la voiture que Brandon conduisait. Tous les étudiants criaient avec enthousiasme : *« Quelle voiture extra-ordinaire ! Ta voiture est incroyable ! Je veux conduire ta voiture ! »* Marianne a regardé Brandon et a regardé sa voiture. Elle était très impressionnée. Elle voulait parler à Brandon, alors elle est allée lui dire :

– Salut Brandon. Ta voiture est fantastique !

– Merci.

– Veux-tu aller au MacDo après l'école ?

Brandon était très embêté parce que son père a dit qu'il devait aller directement à la maison après l'école. Il lui a répondu, un peu nerveux :

– Aaaah… Oui, pourquoi pas ?

– Allons-nous dans ta magnifique voiture ?

– Oui, nous allons dans ma voiture.

Pendant toute la journée, les étudiants parlaient de la magnifique voiture de Brandon. Tous les étudiants voulaient conduire la voiture, Marianne et Jake aussi. Après la classe de géométrie, Jake a dit à Brandon :

– Je veux conduire la voiture de ton père après l'école.

– Désolé Jake, mais je vais au MacDo avec Marianne.

Jake était tellement furieux qu'il ne lui a pas parlé pendant le reste de la journée.

Après l'école, Marianne a rejoint Brandon. Elle l'a rejoint dans sa voiture. Brandon parlait au téléphone :

– Oui, Grand-mère. Je vais directement à la maison après la conversation avec M. Dubois… oui, Grand-mère… à bientôt.

Marianne a regardé Brandon et a regardé sa voiture. Elle lui a dit :

> – Brandon, ta voiture est super.
>
> – Merci, Marianne. Tu veux aller au MacDo maintenant ?
>
> – Oui. Allons-y !

Marianne et Brandon sont sortis de l'école. Quand ils sont arrivés à MacDo, Brandon est passé par le *'MacDrive'* et il a commandé deux hamburgers et des frites[1]. Le serveur lui a posé la question :

> – Voulez-vous le menu super-size pour trente-neuf cents de plus ?

[1] frites - French fries

– Bien sûr[2] ! Je veux beaucoup de ketchup
aussi, s'il vous plaît.

Quand la nourriture est arrivée, Brandon a garé[3]
la voiture et Brandon et Marianne sont restés dans la
voiture pour manger les hamburgers et les frites. Ils
parlaient joyeusement dans la voiture. Brandon voulait plus de ketchup et il a dit à Marianne :

– Passe-moi un sachet de ketchup s'il te
plaît.

En passant le ketchup, il y a eu un accident ! Un
accident horrible! Le sachet de ketchup a explosé !
Le sachet a explosé comme un volcan. Quelle explosion ! Quelle explosion violente ! Il y avait du ketchup partout dans la voiture ! Brandon a regardé le
ketchup et a crié :

[2]*bien sûr - of course*
[3]*a garé- parked*

– Quelle catastrophe ! Qu'est-ce que je vais faire ?

Quelle catastrophe ! Qu'est-ce que je vais faire ?

– J'imagine que tu vas nettoyer l'intérieur de la voiture –Marianne lui a répondu d'un ton sarcastique.

Brandon voulait faire comme si tout allait bien, alors il a continué à manger ses frites et à parler avec Marianne. Une heure après, Brandon a reconduit Marianne chez elle et lui a dit *« au revoir »*. Puis, il est allé rapidement à la maison pour nettoyer l'intérieur de la voiture.

Chapitre 5
Une Mission importante

En arrivant à la maison, Brandon est allé directement dans sa chambre pour parler du problème avec Jake. Brandon a utilisé son portable pour téléphoner à Jake.

– Jake, j'ai besoin d'aide, de ton aide.

Jake était toujours furieux et ne lui a pas répondu. Brandon a imploré Jake :

– Jake, s'il te plaît ! Il y a eu un accident

dans la voiture. J'ai besoin de ton aide !

– Comment ? Un accident ? –Jake le lui a demandé avec ironie.

Brandon lui a répondu impatiemment :

– Jake ce n'est pas drôle !

– Qu'est-ce qui s'est passé ?

– Alors, Marianne et moi, nous sommes allés…

Une voix familière a interrompu sa conversation :

– Braaaadon… –a appelé sa grand-mère.

Brandon lui a répondu impatiemment.

– Oui, Grand-mère.

– À table !

– Un instant ! –Brandon lui a répondu irrité.

Brandon ne voulait pas manger. Il voulait nettoyer la voiture. Il a parlé rapidement et a expliqué l'accident à Jake. Puis, il est allé à la cuisine. Sa grand-mère posait beaucoup de questions, mais Brandon ne voulait pas parler. Brandon pensait à l'accident. Il devait nettoyer l'intérieur de la voiture, mais comment ?

À ce moment, Jake lui a envoyé un texto : « *On utilise le vinaigre pour nettoyer le ketchup* ».

Brandon ne voulait pas manger et il ne voulait pas parler. Il voulait chercher le vinaigre. Après le dîner, sa grand-mère a regardé la télé et Brandon a cherché le vinaigre. Brandon a cherché dans le garage. Il a cherché partout, mais il ne l'a pas trouvé. Alors, il l'a cherché dans la cuisine. Pendant qu'il cherchait, sa grand-mère est entrée dans la cuisine et lui a demandé :

> – Qu'est-ce que tu cherches ?

> – Le vinaigre.

> – Le vinaigre ? Pourquoi ?

Brandon a inventé une excuse :

> – C'est pour mon projet de biologie.

> – Quel projet intéressant !

Sa grand-mère a aidé Brandon à chercher le vinaigre. Elle l'a trouvé immédiatement. Brandon était content et s'est écrié :

> – Tu es un ange, Grand-mère !

28

Sa grand-mère a caressé doucement les cheveux de Brandon et lui a dit :

– De rien, Brandi. ha ha ha.

Alors, elle est allée dans sa chambre et Brandon est allé au garage. Il a regardé l'intérieur de la voiture et a pensé : « *Quelle catastrophe !* » Brandon a versé[1] du vinaigre sur une éponge. Il a nettoyé pendant dix minutes, mais sans succès. Le ketchup est resté. Alors, il a versé plus de vinaigre sur l'éponge et a continué à nettoyer. Il a nettoyé pendant dix minutes de plus, mais toujours sans succès. Le ketchup était toujours là !

Maintenant, Brandon était désespéré, alors il a versé du vinaigre directement sur le ketchup. Il a versé le vinaigre partout dans la voiture ! Il a nettoyé pendant deux heures, et le seul résultat était

[1]a *versé* - *poured*

une odeur terrible !

Maintenant, il avait deux problèmes : du ketchup partout dans la voiture de son père et l'odeur horrible du vinaigre.

Brandon est allé dans sa chambre et a communiqué avec Jake par texto : *« Je suis désespéré ! La voiture est un désastre. Aide-moi ! »* Jake lui a répondu : *« Demain, après l'école, allons aux "Belles Voitures" »*

Brandon était fatigué, mais il ne pouvait pas dormir à cause du stress. Il n'a pas beaucoup dormi.

Le matin, Brandon s'est levé à six heures. Il n'a pas mangé et il n'a presque rien dit à sa grand-mère. Il lui a dit seulement :

– Grand-mère, je vais faire une expérience au laboratoire après l'école.

– Une expérience avec du vinaigre ?

– Aaaa… Oui. Avec du vinaigre.

– Je veux un rapport complet de l'expérience –lui a répondu sa grand-mère.

Brandon lui a dit *« au revoir »* et est allé à l'école. Il a pensé à nettoyer la voiture pendant toute la journée. Il a parlé un peu avec Marianne. Elle a voulu aller au Café du Jour, mais Brandon lui a expliqué qu'il devait nettoyer la voiture.

Brandon et Jake se sont rejoints après l'école et ils sont allés aux "Belles Voitures" Quand ils sont arrivés, le monsieur a posé la question à Brandon :

> – Qu'est-ce que je peux faire pour vous ?

> – Je voudrais un nettoyage de l'intérieur de la voiture, s'il vous plaît.

Le monsieur a regardé dans la voiture et s'est exclamé :

> – Oh là là ! Quelle horrible odeur ! Quelle catastrophe !

> – Oui, je le sais –Brandon lui a répondu, un peu irrité– Combien coûte le nettoyage ?

> – Deux cents ($200) pour le nettoyage et cent ($100) pour désodoriser la voiture.

> – Trois cents dollars ! –s'est exclamé Brandon– Le nettoyage coûte cher !

Brandon n'avait pas le choix. Des professionnels ont nettoyé la voiture. Ensuite, Brandon a inspecté l'intérieur de la voiture. La T-bird était comme neuve! La voiture n'avait plus l'odeur du vinaigre !

Chapitre 6
Un Baiser incroyable !

Après le nettoyage de la voiture, Brandon est rentré à la maison. Il est arrivé à 17 h 30, mais il n'est pas rentré dans la maison immédiatement. Il est resté dans la voiture pour envoyer un texto à Marianne : « *Café du Jour demain matin @ 7 h 30 ?* »…. « *Oui* ». « *Je viens à 7 h 15* »… « *Parfait* ».

Brandon était hyper content. Il est entré dans la

maison où il a vu sa grand-mère dans la cuisine.

    – Bonjour, Grand-mère.

    – Bonjour, Brandon. Comment s'est passé l'expérience ?

    – Aaaah… bien.

    – Quel était le résultat ?

    – Aaaa… alors… On a seulement fait les préparatifs – Brandon a répondu un peu embêté.

Brandon et sa grand-mère parlaient pendant que sa grand-mère préparait des crêpes. Brandon a regardé les crêpes et il voulait manger, il avait faim !

    – As-tu faim ? –sa grand-mère lui a demandé.

    – Ouais ! J'ai faim !

Après le dîner, Brandon est allé dans sa chambre. Il était très fatigué ! Il ne s'est pas connecté à Facebook, il n'a pas envoyé de texto aux amis, et n'a pas téléphoné à ses amis. Il s'est endormi immédiatement. Il a dormi toute la nuit.

Le matin, Brandon s'est levé à 6 h 30. Il s'est levé tôt parce qu'il allait au Café Du Jour avec Marianne. Il est sorti de la maison à 7 h du matin. Quand il est sorti, sa grand-mère dormait toujours.

Brandon a conduit la voiture chez Marianne et y est arrivé à 7 h 10. Marianne était devant chez elle. Elle a couru vers la voiture et Brandon lui a dit doucement :

– Salut, Marianne.

– Salut ! –elle lui a répondu tendrement.

Les deux sont partis pour le Café Du Jour. En y arrivant, Brandon est passé par le 'drive-in' où il a commandé deux Frappuccinos et puis il a garé la voiture. Brandon et Marianne sont restés dans la voiture pour prendre les Frappuccinos. Ils ont parlé de l'école et des amis, et ils ont fixé une date pour dîner à un restaurant français un vendredi soir. Ils ont parlé beaucoup et puis il y a eu un moment de silence. Brandon voulait embrasser Marianne. Il voulait tel-

lement l'embrasser. Il imaginait un long baiser, quand Marianne s'est exclamée :

– Oh là là ! Il est 7 h 55 ! Partons d'ici !

Brandon ne voulait pas partir ; il voulait embrasser Marianne. Il voulait tellement l'embrasser, mais il a reculé[1] la voiture.

Brandon pensait : *« Je veux un baiser. Quand est-ce que nous allons nous embrasser ? »* À ce moment, quelque chose d'incroyable est arrivé : « boum ! » Mais, ce n'était pas un baiser. C'était un choc ! Ce n'était pas un choc violent, mais pour Brandon c'était un choc énorme ! Brandon était hystérique !

[1]*a reculé - backed up*

Brandon a crié : « *Nooooon !* » Le chauffeur de l'autre voiture a regardé Brandon et lui a dit :

    – Selon moi, c'était seulement un petit choc !

    – Un petit choc ? –a crié Brandon.

    – Oui, exactement, un petit choc. Comme une… une… une bise[2].

    – Une bise ?

    – Oui ! Ce n'était pas un choc ; selon moi, simplement c'était une petite bise ! Ha ha ha

Brandon a regardé la voiture de son père. Il a vu une éraflure[3]. L'éraflure était petite, mais pour Brandon, elle était énorme ! Il s'est écrié :

[2]*bise - little kiss, peck*
[3]*une éraflure - a scratch*

– Oh là là là là ! Regarde l'éraflure !

– Elle est toute petite –Marianne lui a dit calmement.

– L'éraflure est énorme ! –Brandon lui a répondu, complètement paniqué.

– Calme-toi, Brandon ! On peut la réparer.

L'autre chauffeur a regardé sa voiture et a dit à
Brandon :

– Ma voiture n'a rien. C'était juste une petite
bise ! ha ha ha !

Le chauffeur est parti. Brandon regardait l'éraflure en silence et pensait à la réparation.

Chapitre 7
Une Réparation urgente !

Quand Brandon et Marianne sont arrivés à l'école, tous les étudiants étaient au gymnase pour une présentation spéciale. En entrant dans le gymnase, Brandon a cherché Jake, mais il ne l'a pas trouvé. Brandon lui a envoyé un texto : « *Où es-tu ?* »... « *Chez moi. Je ne suis pas à l'école* », lui a répondu Jake. Immédiatement, Brandon lui a envoyé un autre texto : « *Aide-moi !* »

Brandon et Jake se communiquaient par textos. Brandon lui a parlé de l'accident, et de l'éraflure à cause du choc. Jake a cherché des réparateurs auto sur Internet. Il a trouve trois possibilités : "Les Pros de la réparation", "Les Bons Réparateurs", et "La Peinture Parfaite ".

Après l'école, Brandon est allé voir les réparateurs. Il est allé aux "Pros de la réparation" et il a demandé :

      – Combien ça coûte pour réparer une éraflure ?

Le monsieur a regardé l'éraflure et lui a répondu :

      – Cinq cents dollars ($500.00).

      – Ouh lala ! Ça coûte cher ! –s'est écrié Brandon.

39

Alors, Brandon est parti pour voir un autre réparateur. Il est allé à "La Peinture Parfaite" et il leur a dit :

> – La voiture a une éraflure. Combien ça coûte pour réparer une éraflure ?

Le monsieur a regardé l'éraflure et lui a répondu :

> – Six cent cinquante dollars (\$650).

> – Oh là là ! Ça coûte cher ! –s'est écrié Brandon.

Brandon est parti pour voir un autre réparateur. Il est allé aux "Bons Réparateurs" et il leur a dit :

> – Combien pour réparer une toute petite[1] éraflure ?

Le monsieur a regardé l'éraflure et lui a répondu :

> – Je ne sais pas exactement. Je dois calculer le job. Je vais t'appeler plus tard avec le devis[2].

Brandon est rentré chez lui. Il est arrivé à la maison à 17 h 30. Quand il est entré dans la maison, sa grand-mère était dans la cuisine en train de préparer des hamburgers.

[1] toute petite - tiny
[2] devis - estimate

– Bonjour, Grand-mère.

– Bonjour, Brandi. Tu as passé une bonne journée ?

– Bien.

– Et comment s'est passée l'expérience ?

– Aaaa…l'expé..ri..

À ce moment, son portable a interrompu la conversation : « dring dring ». Brandon a dit *« Excuse-moi »* à sa grand-mère et est allé dans sa chambre pour répondre au téléphone.

– Allô ! –a dit la voix –Je suis Gérard Lanvin des "Bons Réparateurs". Je veux parler à Brandon, s'il vous plaît.

– Oui –a dit Brandon– C'est moi.

– Oh, bonjour. J'ai le devis.

– Oui, je vous écoute…

41

    – Deux cent cinquante dollars. ($250)

    Brandon était content du devis. Il a dit « *Merci* » à Gérard et a appelé Jake immédiatement ! Ils ont parlé de l'accident, des réparations et de ses projets d'aller au restaurant avec Marianne. Pendant qu'ils parlaient, une voix familière a interrompu la conversation.

    – Braaaandon...

    – Oui, Grand-mère, un instant s'il te plaît.

Brandon continuait à parler avec Jake.

      – Quand est-ce que tu vas faire réparer la voiture ?

      – Demain, après l'école.

      – Bonne idée. Tu veux que je t'accompagne ?

– Oui !

La grand-mère de Brandon l' a encore appelé :

– Braaaandon!...

Vite, Brandon a confirmé les projets avec Jake :

– Allons-y demain après l'école.

– Oui, à demain.

Brandon est allé à la cuisine et a parlé avec sa grand-mère. Elle a posé beaucoup de questions et Brandon a répondu à toutes les questions. Brandon n'avait pas grand faim, et il n'a pas beaucoup mangé. Après le dîner, il a regardé la télé. À 21 h il est allé dans sa chambre. Il était très fatigué. Il s'est endormi immédiatement.

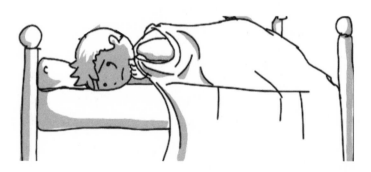

Le matin, Brandon s'est levé à 6 h. Il a parlé avec sa grand-mère et a mangé un peu de céréales. Puis, il est sorti de la maison pour aller à l'école. Pendant la journée, Brandon a parlé avec Jake de la réparation et avec Marianne des projets de vendredi soir. Brandon a confirmé le rendez-vous avec Marianne : « *Je viens chez toi à 18 h* ».

Après l'école, Brandon et Jake sont allés aux "Bons Réparateurs".

– Bonjour, je suis Brandon. Nous avons parlé au téléphone de la réparation d'une petite éraflure…

– Bien sûr, voulez-vous prendre rendez-vous[3] pour la réparation ?

– Un rendez-vous ?! Je dois prendre un rendez-vous ?

– Oui. On doit prendre rendez-vous.

Brandon, un peu irrité maintenant, lui a répondu :

– Est-ce qu'on peut la réparer maintenant ?

– Maintenant ? Pas possible. Je suis désolé.

Brandon était désespéré. Il voulait faire faire la réparation immédiatement ! Brandon, paniqué maintenant, a demandé à Jake :

– Qu'est-ce qu'on va faire ?

– Calme-toi ! J'ai une idée ! Nous pouvons la

[3]*prendre rendez-vous - to make an appointment*

réparer, toi et moi !

Jake lui a expliqué son idée. Puis, ils sont allés à Walmart®, pour chercher de la peinture. Ils sont sortis de Walmart® avec de la peinture et un paquet de marqueurs Sharpie®. Puis, ils sont allés chez Jake pour expérimenter avec toutes les peintures.

Ils ont décidé d'utiliser le marqueur bleu parce que la couleur allait très bien avec le bleu de la voiture. Ils ont peint l'éraflure avec le marqueur Sharpie® bleu et la voiture était presque comme neuve.

Chapitre 8
Un Rendez-vous incroyable !

Enfin vendredi ! Il était 17 h 45 et Brandon devait partir pour aller chez Marianne. Il ne voulait pas arriver en retard. Il a dit à sa grand-mère :

– Grand-mère, je dois partir.

– Où vas-tu ?

– Au match de football américain.

– D'accord, Brandi, à bientôt.

Brandon est parti pour aller chez Marianne. Pendant qu'il conduisait, il pensait à embrasser Marianne. Il a pensé : *« ce soir, si tout va bien... »*. Quand il est arrivé chez elle, Marianne a couru à la voiture parce qu'il pleuvait[1] un peu.

Brandon et Marianne sont allés au restaurant et quand ils sont arrivés, il pleuvait toujours. Brandon a garé la voiture et les deux ont couru au restaurant parce qu'il pleuvait un peu plus maintenant. Ils sont entrés dans le restaurant et ils ont commandé deux cocas. Ils étaient contents. Ils se parlaient, quand Brandon a entendu une voix familière et il a interrompu la conversation :

    – Ouh là là ! C'est ma grand-mère !

    – Où ?

    – À la porte !

[1]*pleuvait* - it was raining

47

La grand-mère de Brandon est entrée dans le restaurant avec une amie. Évidemment Brandon ne voulait pas voir sa grand-mère. Marianne ne comprenait
pas et a demandé à Brandon :

    – Y a-t-il un problème ?

    – Oui, ma grand-mère pense que je suis au
      match de football. Nous devons partir.

À ce moment, Brandon s'est levé et lui a dit :

    – Cours !

Marianne s'est levée et les deux sont sortis du
restaurant en courant.

Il pleuvait beaucoup. Quand ils sont arrivés à la
voiture, il pleuvait à torrents ! Marianne a crié à
Brandon :

    – Vite ! Ouvre la porte !

Brandon voulait ouvrir la porte, mais il ne pouvait pas trou-
ver les clefs[2].
Il n'avait pas
de clefs. Il a
cherché les
clefs pendant
encore une

[2]*clefs* - keys

minute, mais il ne les a pas trouvées. Puis, Brandon a dit à Marianne :

> – Marianne, tu dois retourner dans le restaurant pour chercher les clefs. Je ne peux pas y aller; je ne veux pas voir ma grand-mère.

Marianne est retournée pour chercher les clefs. Pendant qu'elle les cherchait, Brandon a regardé dans la voiture. Il a vu les clefs, mais les portes étaient fermées à clef[3] !

Quand Marianne est sortie du restaurant, elle a couru vers Brandon. Brandon lui a dit :

> – J'ai trouvé les clefs. Elles sont dans la voiture
>
> – Quelle chance !
>
> – Non, Pas de chance ! Les portes sont fermées à clef.
>
> – C'est horrible ! Qu'est-ce qu'on va faire ?

Brandon a cherché son portable et lui a répondu :

> – Je vais appeler "Les Pros des Portes".

Brandon n'avait pas son portable. Il l'a cherché, mais il ne l'a pas trouvé. Il a regardé dans la voiture et a vu le portable dans la voiture avec les clefs.

[3]*fermées à clef - locked*

Brandon lui a dit :

> – Marianne, mon portable est aussi dans la voiture. Je peux utiliser ton portable, s'il te plaît ?
>
> – Je ne l'ai pas. Il est chez moi.

Il pleuvait toujours à torrents, alors Marianne a dit à Brandon :

> – Allons, rentrons dans le restaurant. Il pleut à torrents !
>
> – Je ne peux pas rentrer dans le restaurant, mais toi tu peux –Brandon lui a répondu– Va dans le restaurant et utilise le télé-phone. Appelle "Les Pros des Portes".

Marianne est entrée dans le restaurant et elle a appelé «Les Pros des Portes». Brandon est resté à la voiture. Une heure plus tard, il pleuvait toujours et un représentant des "Pros des Portes" est arrivé au restaurant. Le représentant avait un outil[4] pour ouvrir les portes fermées à clef. Il a ouvert la porte avec l'outil, mais quand il l'a ouverte, il a fait une éraflure à la porte. Le représentant a regardé l'éraflure et a dit à Brandon :

> – Normalement, ça coûte cent dollars pour

[4]outil - tool

ouvrir une porte fermée à clef, mais ce soir
ça ne coûte rien.

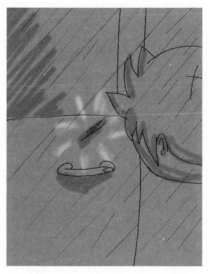

Le représentant est parti. Brandon a regardé
l'éraflure et a regardé Marianne. Puis, il s'est écrié :
– Aaaaaayyyy ! Cette voiture va me ruiner !
Le dîner avait été une catastrophe et évidemment, Marianne ne lui avait pas donné de baiser !

Chapitre 9
Une Photo spéciale

Samedi matin Brandon s'est levé à 9 heures. Il a cherché le marqueur bleu Sharpie® pour réparer l'éraflure de la porte de la voiture. Pendant qu'il cherchait le marqueur, il pensait aux événements de la semaine. Il pensait à la T-bird et à Marianne. Brandon imaginait l'embrasser quand le téléphone de la maison a interrompu ses pensées : « dring dring »

– Allô.

– Bonjour Brandon –sa mère lui a répondu.

– Bonjour, maman !

– Brandon, je suis désolée, mais nous n'allons pas revenir aujourd'hui parce qu'il y a un problème avec le vol –lui a dit sa mère.

– Demain ? –Brandon lui a répondu avec joie.

– Oui, demain. Je veux parler avec Grand-mère s'il te plaît.

Brandon est allé chercher sa grand-mère en courant :

– Graaand-mèèère ! Maman veut te parler.

Brandon a donné le téléphone à sa grand-mère. Il était très content. Maintenant, il avait une nouvelle chance de sortir avec Marianne. Il lui a envoyé un texto : « *Désolé. Je sais que le dîner a été une catastrophe* »...Marianne ne lui a pas répondu et Brandon lui a envoyé un autre texto : « *Je veux avoir une nouvelle chance* »... « *Tu veux sortir avec moi ce soir ?* » Elle ne lui a pas répondu. Désespéré, Brandon lui a envoyé un texto final : « *Si tu me donnes une nouvelle chance, tu peux conduire ma voiture* ».

Deux minutes après, Brandon a vu deux textos : « *Désolée. Je dormais* ». « *Allons à la fête d'Adrienne. Viens chez moi à 19 h »*.

Maintenant, Brandon était hyper content et il a passé toute la journée à penser à Marianne. À 18 h 45, Brandon allait sortir de la maison. Il a dit à sa grand-mère :

  – Grand-mère, je m'en vais.

  – Où vas-tu ?

  – Je vais chez Jake –il lui a répondu, un peu nerveux.

  – Rentre avant minuit[1], s'il te plaît.

  – OK. Bonsoir, Grand-mère.

Brandon est allé chez Marianne. Quand il est arrivé, son père était devant la maison. Le père a dit à Brandon :

  – Bonsoir, je m'appelle Charles. Je suis le père de Marianne.

  – Bonsoir, je m'appelle Brandon.

À ce moment, Marianne est sortie de la maison. Elle a couru vers son père et lui a fait la bise. Puis, elle lui a dit bonsoir et Brandon et Marianne sont allés à la fête. Pendant qu'il conduisait, Marianne parlait beaucoup. Elle a parlé de sa famille, de ses amies et de l'école. Elle n'a rien dit au sujet de

[1]*avant minuit - before midnight*

conduire la voiture. Brandon était content, parce qu'en réalité il ne voulait pas que Marianne conduise la voiture.

Quinze minutes après, ils sont arrivés chez Adrienne. Il y avait beaucoup de belles voitures devant la maison. C'était une grosse maison. Brandon et Marianne sont entrés dans la maison en admirant tout. Quelle maison magnifique !

Il y avait beaucoup de filles dans la maison. Il y avait un groupe d'amis dans la cuisine. Il y avait aussi beaucoup de nourriture délicieuse. Une fille regardait une vidéo sur « YouTube » et les autres dansaient.

> – Tu veux danser ? –Brandon a demandé à
> Marianne.

> – Oui. Bien sûr.

Ils dansaient ensemble et Brandon pensait à embrasser Marianne. Pendant qu'ils dansaient, une fille
a pris une photo[2] d'eux. Marianne a regardé la photo
et s'est écriée :

> – C'est une photo spéciale. Quelle belle
> photo !

Marianne et Brandon étaient très contents. C'était
une fête fabuleuse ! À 23 h 40, Brandon a vu l'heure
et s'est exclamé :

> – Oh là là, il est 23 h 40, nous devons nous
> en aller !

Brandon et Marianne sont partis en courant.
Quand ils sont arrivés à la voiture, Marianne a dit à
Brandon :

> – Je veux conduire.

Brandon ne voulait pas qu'elle conduise la voiture de son père mais il ne voulait pas dire « *non* » à
Marianne. Alors, Brandon lui a répondu :

> – OK.

Marianne était hyper contente ! Elle était telle-

[2]*a pris une photo - took a photo*

ment contente, qu'elle lui a donné un baiser. Elle a donné un long baiser à Brandon ! Enfin, elle l'a embrassé. Brandon était hyper content. Il a pensé : *« quel baiser magnifique ! »* Puis Marianne a sorti la voiture sur la route. Elle conduisait vite et Brandon était un peu nerveux.

– Calme-toi, Brandon. Je suis un excellent chauffeur. Ha ha ha...

Brandon s'est calmé et Marianne a conduit plus vite. À ce moment, « Phumff », il y a eu un flash brillant.

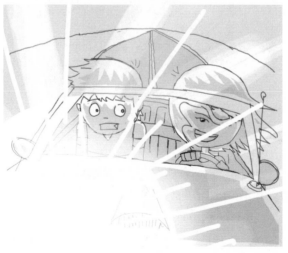

– Qu'est-ce que c'était ?
– Une autre photo spéciale.

Chapitre 10
Le Nouvel Houdini

Brandon est arrivé chez lui un peu en retard. Quand il est rentré dans la maison, sa grand-mère dormait. Brandon est allé dans sa chambre et il a envoyé un texto à Jake. *« Quelle belle nuit ! Enfin, elle m'a donné un baiser. »* Jake et Brandon se sont parlés par texto pendant trente minutes. Ils se sont parlés des événements de la semaine, du baiser incroyable et de la "photo spéciale". À la fin de la conversation, Jake lui a dit : *« Brandon, si tu arrives à t'échapper de tous les problèmes de cette semaine, je vais t'appeler Houdini ! »*

Après la conversation, Brandon s'est connecté à Facebook où il a vu un commentaire de Jake : *« Brandon Brown est un grand artiste de l'évasion. Appelons le[1] Houdini ! »*

Brandon a répondu : *« ha ha »* et il s'est déconnecté de Facebook. Il s'est endormi rapidement.

Le matin, Brandon s'est levé très content. Il est entré dans la cuisine où sa grand-mère préparait des crêpes. Pendant qu'ils mangeaient ses crêpes, ses parents sont arrivés à la maison. Ils sont entrés dans la maison en s'exclamant :

– Bonjour, Brandon ! Bonjour, Grand-mère!

– Bonjour ! –les deux ont répondu.

Les parents de Brandon ont parlé de leurs vacances et ils ont demandé à Brandon et sa grand-mère comment s'était passée la semaine à la maison. La grand-mère leur a répondu sincèrement :

– Tout s'est très bien passé. Selon moi, Brandon était un ange !

[1]appelons le - call him

La famille a parlé pendant longtemps. Puis, Grand-mère est partie chez elle. La mère de Brandon a inspecté la maison et son père est allé au garage pour inspecter les voitures. Le père a inspecté la Buick et a réparé le câble. Ensuite, il a inspecté sa T-bird de 1956. Pendant qu'il l'inspectait, Brandon est entré dans le garage. Brandon a regardé son père et il était très nerveux.

Son père a inspecté la voiture pendant une éternité, et enfin il est rentré dans la maison. Brandon s'est calmé et il est rentré dans la maison aussi. Brandon et ses parents ont passé le reste de la journée à parler et à regarder les photos des vacances. À la fin de la journée, tous les trois étaient très contents.

Pendant les jours suivants[2], Brandon anticipait les conséquences de tous les problèmes qu'il avait eus pendant les vacances de ses parents, mais il n'y avait pas de conséquences ! Il n'y avait pas une seule conséquence ! Brandon et ses amis ont célébré les exploits fabuleux de Brandon Brown. Pour les étudiants, Brandon Brown était le nouvel Houdini, le héros qui échappe aux problèmes. Tous les étudiants l'ont appelé « Houdini ». Brandon était très content !

Vendredi, Brandon est rentré chez lui à 17 h 30 et il est allé dans sa chambre. Il parlait avec ses amis sur Facebook. Il parlait aussi à Jake par textos : « *Houdini, que se passe-t-il ? »*... « *Rien* ». Pendant que Brandon parlait avec ses amis, son père était dans la cuisine et regardait le courrier[3].

[2]*suivants - following*
[3]*courrier - mail*

Il y avait une enveloppe spéciale. C'était une enveloppe de la police. Son père a ouvert l'enveloppe et il a vu une photo spéciale ! Son père est devenu furieux quand il a regardé la photo ! Furieux, il a crié :

– BRAAAANDON!

La furie dans la voix de son père était évidente ! Brandon a envoyé un texto à Jake : « *Ne m'appelle plus jamais[4] Houdini !* »

[4]*jamais - never*

Police
Avis de contravention

Nom
Brown, Benjamim

adresse
555 Rue
Denver, CO   55555

Véhicule
Thunderbird 1956 bleue

Limite de vitesse 45	Vitesse enregistrée 67	Amende $350

Date 8 mai	Heure 23 h 49	Radar #22

~ Fin ~

Glossaire

a - to

il a - he has

à - to

il a aidé - he helped

aide - help

ils allaient partir - they were going to leave

allait - was going

il est allé - he went

elle est allée - she went

aller - to go

ils sont allé(s) - they went

allons - let's go

allons-y - let's go (there)

alors - so

l'ami - the friend (male)

l'amie - the friend (female)

les amies - the friends (all female)

les amis - the friends

ans - years

s'appelait - his/her name was

il a appelé - he called

appeler - to call

appelle - calls

je m'appelle - my name is

appelons - let's call

après - after

as - you have (avoir)

aujourd'hui - today

aussi - also

autre - other, another

autres - others

il avait - he had

avant - before

avec - with

avoir - to have

avons - we have (avoir)

un baiser - a kiss

beaucoup - a lot

belle(s) - pretty, beautiful

besoin - need

bien - well, fine

bien sûr - of course

bientôt - soon

bise - little kiss, peck

bonjour - good morning

bonne(s) - good *(fem., pl.)*

bons - good *(masc., pl.)*

bonsoir - good evening

c'est - this is

c'était - this was, it was

ça - this

cent - hundred

cents - hundreds

cette - this (fem)

cher - dear, expensive

il cherchait - he was looking for

il a cherché - he looked for

chercher - to look for

tu cherches - you look for

cheveux - hair

chez - house of

choc - crash, collision

chose - thing

cinq - five

cinquante - fifty

clef(s) - key(s)

combien - how many

il a commandé - he ordered

comme - like, as

comment - how

comment s'est passé ? - how did it go?

comme ça - what's that?

comprenait - understood

conduire - to drive

il conduisait - he was driving

il conduise - drives(subjunctive) (conduire)

il conduit - drives (conduire)

contre - against

courant - running (courir)

le courrier - the mail

je cours - I run (courir)

il a couru - he ran

coûte - costs *(verb)*

ils criaient - they were yelling

il criait - he was yelling

la cuisine - kitchen

d'accord - agreed

d'ici - from here

dans - in, into

il a débranché - he disconnected (a cable)

débranche - disconnect,

demain - tomorrow

demandait - was asking

a demandé - asked

désolé - sorry *(masc.)*

désolée - sorry *(fem.)*

deux - two

il devait - he had to

devant - in front of

il devenait - he was becoming (devenir)

il est devenu - he became (devenir)

le devis - estimate

nous devons - we must (devoir)

dire - to say

il a dit - he said

dix - ten

tu dois - you must (devoir)

il doit - he must (devoir)

il a donné - he gave

tu donnes - you give (donner)

je dormais - I was sleeping

elle dormait - she was sleeping

Il s'est endormi - he fell asleep

dormir - to sleep

doucement - sweetly

il échappe - he escapes

échapper - to escape

(t')échapper - (you) to escape

l'école - the school

il écoute - he listens

il s'est écrié - he yelled/exclaimed

s'écrie - exclaims, cries

elle s'est écriée - she exclaimed

l'église - the church

elle - she

elles - they *(fem.)*

embêté - nervous, upset

a embrassé - kissed

embrasser - to kiss

encore - again, still

encore une fois - again

endormi - asleep

s'endort - falling asleep (s'endormir)

enfin - finally

ensemble - together

ensuite - then

il a entendu - he heard (entendre)

il envoyait - he was sending

il a envoyé - he sent

envoyer - to send

éraflure - scratch

es - you are (être)

est - is (être)

et - and

ils étaient - they were

il était - he was (imperfect)

il a été - he was (preterite)

les étudiants - students

il a eu - had (avoir)

les événements - events

il avait faim - he was hungry

faire - to make, to do

je fais - I make, do

il fait - he makes, does

fermée(s) à clef - locked *(pl.)*

la fête - party

fille(s) - girl(s)

ils ont fixé - they set (a date)

fort - strong

français - French

les frites - the French fries

il a garé - he parked

grosse - big

heure(s) - hour(s)

il - he

il y a - there is, there are

ils - they *(masc.)*

j'ai - I have

jamais - never

je - I

jour(s) - day(s)

journée - day

là - there

l'embrasse - kisses him/her (embrasser)

les - the *(pl.)*

leur(s) - their *(pl.)*

il s'est levé - he got up

elle s'est levée - she got up

le lit - the bed

longtemps - long time
lui - to him, to her
maintenant - now
mais - but
la maison - house
la maman - mom
il a mangé - he ate
mangeaient - were eating
manger - to eat
tu manges - you eat
le matin - the morning
merci - thank you
la mère - mother
mes - my *(pl.)*
minuit - midnight
moi - me
mon - my *(masc.)*
monsieur - the man
il est monté -he got on, climbed, ascended
ne ___ pas - not
le nettoyage - the cleaning, the washing
il a nettoyé - he cleaned
nettoyer - to clean
neuf - new *(masc.)*

neuve - new *(fem.)*
non - no
nous - we
nouveau - new
nouvel - new (masc. form used with words that start with a vowel)
nouvelle - new *(fem.)*
la nuit - the night
on - one
ils ont - they have
ou -or
où - where
ouais - yeaaah!
oui - yes
outil - tool
j'ai ouvert la porte - I opened the door
ouvre - opens
ouvrir - to open
par - by, through
parce que - because
parfait(e) - perfect *(fem.)*
parfaitement - perfectly
ils parlaient - they were talking

il parlait - he was talking
il parle - speaks (parler)
il a parlé - he spoke
parler - to speak, talk
se parler - to talk to each other
il a parlé - he spoke
partons - let's go !
partout - everywhere
la peinture - the paint
pendant - during
pensait - were thinking
pense - thinks (penser)
il a pensé - he thought
il pense - he thinks (penser)
les pensées - the thoughts
penser - to think
père - father
il permettait - he was permitting (permettre)
peu - little
peut - he can (pouvoir)
peux - I can (pouvoir)
il pleut - it rains (pleuvoir)
il pleuvait - it was raining

plus - more
la porte - door
il posait - he was asking (question)
il a posé - posed a question, asked a question
pour - for, to
pourquoi - why
pouvait - was able, could
pouvoir - to be able to
pouvons - we can (pouvoir)
prendre - to take
presque - almost
a pris une foto - took a photo
puis - then
puisse - he can (subj.) (pouvoir)
quand - when
quatre - four
que - what
quel - which *(masc.)*
quelle - which *(fem.)*
quelque - some
qui - who

quinze - fifteen

rapport - report

reconduit - drives back (reconduire)

il a reculé - he backed up

il regardait - he was looking at

il a regardé - he looked at

il regarde - he looks at

regarder - to look at

les règles - rules

rendez vous - meeting

il restait - he was staying

reste - stays (rester)

il est resté - he stayed

rester - to stay

tu restes - you stay (rester)

en retard - late

revenir - to come back

au revoir - good-bye

rien - nothing

s'il te plaît - please

le sachet - the packet

je sais - I know (savoir)

salut - hi

samedi - Saturday

sans - without

il a sauvé - he saved

seize - sixteen

selon - according to

semaine - week

seul - alone *(masc.)*

seule - alone *(fem.)*

seulement - only

si - if

six - six

sœur - sister

le soir - the evening

nous sommes - we are (être)

ils sont - they are (être)

il est sorti - he left

elle est sortie - she left

sortir - to exit

nous sommes sortis - we left

je suis - I am

suivants - following

sur - on

tard - late

tellement - so

tôt - early

toujours - always, still

tous - all (masc., pl.)

tout - all (all masc., sing.)

toute - all (fem. Sing.)

toutes - all (fem. pl.)

être en train de (+ inf) - to be in the middle of... in the process of...

trente - thirty

très - very

trois - three

trouve - finds (trouver)

il a trouvé - he found

il les a trouvées - he found them

trouver - to find

tu - you

un(e) - a

va - goes (aller)

vais - I go (aller)

vas - you go (aller)

venait - he was coming

vendredi - Friday

venir - to come

vers - toward

il a versé - he poured

il veut - he wants (vouloir)

je veux - I want (vouloir)

je viens - I come (venir)

il vient - he comes (venir)

vingt - twenty

vite - fast

vingt - twenty

vite - fast

voir - to see

la voiture - the car

voix - voice

vol - flight

voudrais - I would like (conditional) (vouloir)

ils voulaient - they wanted

il voulait - he wanted

voulez - you want (vouloir)

il a voulu - he wanted (preterite)

vous - you plural

il a vu - he saw

il l'a vue - he saw her

y - there

Cognates

absolu - absolute
absolument - absolutely
accident - accident
admiraient - they were admiring
admirant - admiring
admirent - they admire
adulte - adult
allô - hello (used when answering the phone)
américain - American
l'ange - the angel
anticipe - anticipates
appartement - apartment
arrivant - arriving
arrive - arrive
il est arrivé - he arrived
arrivent - they arrive
arriver - to arrive
tu arrives - you arrive
artiste - artist
attention - attention
auto - auto
avenue - avenue
bébé - baby

biologie - biology
bleu - blue
bleue - blue *(fem.)*
brillant - brilliant
câble - cable
café - cafe
calculer - to calculate
il a calmé - he calmed down
calme - calm
calmement - calmly
il a caressé - he caressed or stroked (in a non-romantic way)
caresse - caress
catastrophe - catastrophe
causaient - was causing, always caused
cause - causes
causent - they cause
ils ont célébré - they celebrated
célèbrent - they celebrate
céréales - cereal

C-1

Cognates

chambre - chamber (bedroom)

chance - luck

chauffeur - chauffeur, driver

choix - choice

classe - class

commentaire - comments, commentary

il a commenté - he commented

il commente - he comments

communiquaient - they were communicating

communiquait - was communicating

il a communiqué - he communicated

communique - communicates

communiquent - they communicate

complet - complete, full

complètement - completely

comprend - understand

il a confirmé - he confirmed

confirme - confirm

il s'est connecté - he connected himself (to the internet)

se connecte - he connects himself (to the internet)

conséquence(s) - consequence(s)

content(e) - content, happy *(fem.)*

contents - content, happy *(pl.)*

continuait - was continuing

il a continué - he continued

continue - continues

conversation - conversation

couleur - color

crêpes - crepes

crie - cries, yells

C-2

crier - to cry, yell
dansaient - they were dancing
dansent - they dance
danser - to dance
date - date (romantic)
décident - they decide
il s'est déconnecté - he disconnected (from the internet)
déconnecte - disconnects
délicieuse - delicious
désastre - disaster
désespéré - desperate
désodoriser - to deodorize
détresse - distress
dîner - dinner
directement - directly
docteur - doctor
dollars - dollars
drôle - droll, funny
élégante - elegant
énorme - enormous
enthousiasme - enthusiasm
enthousiastes - enthusiastic

entrant - entering
il est entré - he entered
entre - he enters
elle est entrée - she entered
entrent - they enter
ils sont entrés - they entered
enveloppe - envelope
éponge - sponge
éternité - eternity
évasion - evasion, escape
évidemment - evidently
évident - evident
évidente - evident *(fem.)*
exactement - exactly
excellent - excellent
s'exclamant - exclaiming
s'exclame - exclaims
il s'est exclamé - he exclaimed
elle s'est exclamée - she exclaimed
excuse - excuse
expérience - experience

Cognates

expérimenter - to experiment, experience
explique - explains
il a expliqué - he explained
exploits - exploits
(il) a explosé - it exploded
explose - explodes
explosion - explosion
extraordinaire - extraordinary
fabuleuse - fabulous
fabuleux - fabulous
familière - familiar
famille - family
fantastique - fantastic
fatigué - tired, fatigued
fin - end
final - final
flash - flash
fonctionne - functions
frustré - frustrated
furie - fury
furieux - furious
garage - garage
géométrie - geometry

grand - grand, big
groupe - group
gymnase - gymnasium
habitait - was inhabiting, living in
habite - inhabits, lives in
hamburgers - hamburgers
héros - heroes
honnête - honest
horrible - horrible
hyper - hyper, super
hystérique - hysterical
idée(s) - idea(s)
imaginait - was imagining
imagine - imagines
immédiatement - immediately
impatiemment - impatiently
impatience - impatience
impatient(e) - impatient
important(e) - important
impressionné(e) - impressed *(adj.)*
impressionner - to impress

l'impressionner - to impress him/her

incroyable - unbelievable

inspectait - was inspecting

il a inspecté - he inspected

inspecte - inspects

inspecter - to inspect

instant - instant

insupportable - unsupportable, unbearable

intéressant(e) - interesting *(fem.)*

intérieur - interior

internet - internet

interrompt - interrupts

elle a interrompu - she interrupted

il a inventé - he invented

invente - invents

ironie - irony

irrité - irritated *(adj.)*

itinéraire - itinerary

job - job

joie - joy

joyeusement - joyously

juste - just

laboratoire - laboratory

long - long

macdo - McDonald's®

macdrive - McDonald's drive-thru

magnifique - magnificent

manière - manner

marqueur(s) - marker(s)

match - match (sporting event)

menu - menu

merveille - marvel

merveilleux - marvelous

minute(s) - minute(s)

mission - mission

moment - moment

moteur - motor

musique - music

nerveux - nervous

normalement - normally

nourriture - nourishment, food

obéir - to obey

obéis - you obey

obéissant - obedient

occasion - occasion

odeur - odor

paniqué - panicked *(adj.)*

paniqué - panic

papa - dad

papier - paper

paquet - packet

parents - parents

part - parts, leaves

partent - they part, leave

il est parti - he parted, left

particulier - particular

elle est partie - she parted, left

partir - to part, leave

ils sont partis - they parted, left

partons - we part, leave

passant - passing

passe - pass time, happen

il est passé - he passed

passent - they pass (time)

peint - he paints

les peintures - the paints

permission - permission

personne - person

petit - petite, small *(masc.)*

petite - petite, small *(fem.)*

photo(s) - photo(s)

police - police

portable - portable, cell phone

pose - he poses (a question), asks

possibilités - possibilities

possible - possible

précieuse - precious

préférait - preferred, was preferring

préfère - prefers

préférons - we prefer

préparait - were preparing

préparatifs - preparations

prépare - prepares

préparer - to prepare

présentation - presentation

problème(s) - problem(s)

professionnels - professionals

projet(s) - project(s)

pros - pros

question(s) - question(s)

rapidement - rapidly

réalité - reality

rejoignent - they join, meet

il a rejoint - he joins, meets

ils se sont rejoints - they joined, met

il a remarqué - he remarked; he noticed

remarque - remarks; notices

il est rentré - he re-entered, went back home

rentre - re-enters, returns

rentrer - to re-enter, return

rentrons - let's go back in

réparateur - repairman

la réparation - the repair

il a réparé - he repaired

répare - repair

réparer - to repair

il a répété - he repeated

répète - repeat; practice

répond - responds

répondait - answered, used to answer, was answering

répondant - responding

répondent- they respond

répondre - to respond

il a répondu - he responded

représentant - representative

respecte - respect

respecter - to respect

responsable - responsible

restaurant - restaurant

résultat - result

retourne - returns

elle est retournée - she returned

retourner - to return

revenir - to come back, return

route - route

ruiner - to ruin

sarcasme - sarcasm

sarcastique - sarcastic

serveur - server

Cognates

silence - silence
simplement - simply
sincèrement - sincerely
situation - situation
spéciale - special
stress - stress
stricte - strict
succès - success
sujet - subject
super - super
t'adorons - we adore you
t'accompagne - accompany you
t'adore - I adore you
table - table
télé - TV (television)
il a téléphoné - he telephoned, called
téléphone - telephone
téléphoner - to telephone, call
tendrement - tenderly
terrible - terrible
texto(s) - text(s)
torrents - torrents
université - university

urgente - urgent
utilisait - was using
il a utilisé - he used
utilise - utilize, use
utilisent - they utilize, use
utiliser - to utilize, to use
vacances - vacation
vidéo - video
vinaigre - vinegar
violent(e) - violent
volcan - volcano
voyage - voyage, trip

Le Nouvel Houdini

Present Tense Version

Cover and Chapter Art by
Robert Matsudaira

by
Carol Gaab

French Adaptation by
Lynnette St. George

Edited by
Claire Séveignier & Carol Gaab

ISBN: 978-1-935575-30-6

Fluency Matters, P.O. Box 11624, Chandler, AZ 85248
info@FluencyMatters.com • FluencyMatters.com

A NOTE TO THE READER

This fictitious novel is based on the top 220 words in French. It contains a *manageable* amount of high-frequency vocabulary and countless cognates (words that are similar in two languages), making it an ideal first read for beginning language students.

Essential vocabulary is listed in the glossary at the back of the book. Keep in mind that many verbs are listed in the glossary more than once, as most appear throughout the book in various forms and tenses. (Ex.: I go, he goes, he went, etc.) Vocabulary that would be considered beyond a 'novice-low' level is footnoted within the text, and their meanings given at the bottom of the page where each occurs.

You may have already noticed that there are two versions to this story, a past-tense version and a present-tense version. You may choose to read one or the other, or both. Whatever version you choose, we encourage you to focus on enjoying the story versus studying the tense in which it is written.

The opinions and events in this story do not reflect or represent the opinions or beliefs of Fluency Matters. This novel is intended for educational entertainment only. We hope you enjoy reading it!

Table of Contents

Present Tense Version

To read this story in past tense, please turn the book over.

Chapitre 1
Une Situation horrible

– Braaaaandon ! –appelle la mère de Brandon.

Brandon est dans sa chambre, quand sa mère l'appelle. Brandon parle avec ses amis sur Facebook. Il parle des vacances de ses parents.

Les parents de Brandon vont partir en vacances demain. Ils vont partir pour Hawaï, alors sa sœur, Katie, va arriver demain chez Brandon.

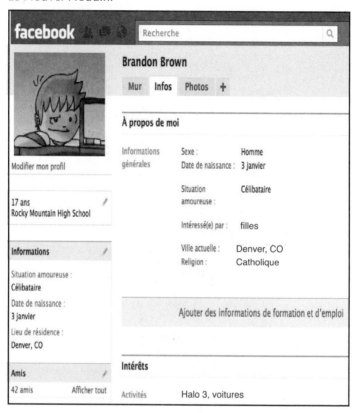

Brandon a une sœur. Elle s'appelle Katie. Sa sœur, Katie, a vingt ans et habite un appartement à l'université. Elle n'habite plus chez ses parents. Brandon habite chez lui avec ses parents. Il est très content parce que ses parents vont faire un voyage demain et que sa sœur, Katie, va arriver demain.

– Braaaandon! –appelle sa mère avec impatience.

– Un instant maman, j'arrive –lui répond Brandon.

Brandon va parler avec sa mère. Sa mère et son père sont dans leur chambre en train de préparer le voyage. Brandon entre dans la chambre et dit à sa mère :

– Oui, maman

– Brandon, ta sœur ne peut pas venir.

– Comment ? Katie ne peut pas venir ?

– Non, Brandon, ta sœur ne peut pas venir. Elle ne peut pas rester avec toi pendant le voyage.

Rester seul n'est pas un problème pour Brandon. Il a seize ans et il est responsable. Il est presque un adulte. Il dit à ses parents :

> – Je suis presque un adulte. Je peux rester seul.
>
> – Brandon, tu ne peux pas rester seul.
>
> – Mais si, je peux rester seul, j'ai seize ans. Je préfère rester seul !
>
> – Brandon, tu ne vas pas rester seul. Ta grand-mère va venir. Elle va rester avec toi.

Brandon n'est pas content. Il préfère rester avec sa sœur. Il préfère ne pas rester avec sa grand-mère. Sa grand-mère est très stricte ! C'est une situation insupportable ! C'est une situation horrible ! Il dit à ses parents :

> – Grand-mère est très stricte ! Pourquoi est-ce que je ne peux pas rester seul ?
>
> – Parce que ta mère et moi préférons que tu restes avec un adulte –lui répond son père.

Brandon n'est pas content Il est furieux ! Il va dans sa chambre et se connecte sur Facebook. « Incroyable », il commente, « ma sœur ne vient pas. MA GRAND-MÈRE VIENT. MA GRAND-MÈRE va rester avec moi ». Brandon reste dans sa chambre pendant deux heures. À 19 heures, sa grand-mère arrive à la maison et sa mère appelle :

– Braaandon...

Brandon continue à parler avec ses amis sur Facebook.

– Braaandon!...

Brandon se déconnecte de Facebook et va parler avec sa grand-mère.

    – Bonjour, Grand-mère

    – Bonjour, Brandon ! Comment vas-tu ?

    – Bien, et toi ?

    – Je suis très contente. Rester avec toi, c'est merveilleux –Sa grand-mère lui répond– Je t'adore.

Brandon ne lui répond pas et il y a un moment de silence. Son père sauve[1] la situation. Il dit à Grand-mère:

[1] *sauve - saves*

5

– Nous t'adorons aussi.

Son papa a l'itinéraire pour le voyage et un papier avec les règles de la maison. Il dit à Grand-mère :

– J'ai l'itinéraire pour le voyage. Nous partons demain à 5 heures du matin.

Itinéraire

Dimanche – Vol² #227 – arrivée Kawaii @ 11 h.

Samedi - Vol #555 – arrivée Denver @ 3 h 15.

Hôtel: Palace Kawaii (555) 555-5555

Règles³ de la maison

Brandon …

1) Ne peut pas avoir d' amis à la maison.

2) Doit⁴ aller directement à la maison après l'école.

3) Ne peut pas conduire ma voiture!

La grand-mère regarde l'itinéraire et regarde les règles de la maison :

– Brandon ne peut pas conduire ta T-bird?
–Grand-mère demande au papa de Brandon.

– Non! Brandon ne peut pas conduire ma T-
bird. Ma T-bird est très spéciale. Ma T-bird
est mon bébé !

Brandon remarque avec sarcasme :

– Oui, Grand-mère, sa T-bird est très impor-
tante. C'est plus important que moi.

Son père ne répond pas et Brandon ne dit rien.
Il va dans sa chambre en silence.

[2]*vol - flight*
[3]*règles - rules*
[4]*doit - must*

Chapitre 2
Au revoir !

À 5 heures du matin, les parents de Brandon entrent dans la chambre de Brandon pour lui dire *« Au revoir »*. Sa maman lui dit doucement :

– Brandon...

Brandon dort et ne lui répond pas.

– Brandon, nous partons.

Brandon ne lui répond pas, mais sa maman lui caresse les cheveux doucement . Brandon continue à dormir. Sa maman lui caresse les cheveux à nouveau. Elle lui répète :

    – Brandon, nous partons.

Brandon ne dort pas. C'est évident que Brandon est furieux. Sa maman caresse ses cheveux doucement et lui dit :

    – Au revoir, Brandon. Nous partons.

Brandon lui répond sur un ton furieux :

    – Au revoir.

    – Brandon, lui dit sa mère, je sais que tu es furieux, mais nous n'avons pas le choix.

Brandon est furieux et ne répond pas à sa mère. Elle continue à parler :

    – Brandon, s'il te plaît, obéis à ta grand-mère et aux règles de la maison.

    – D'accord, Brandon lui répond, furieux.

    – Brandon ! –crie son père– respecte ta maman un peu. Ne lui parle pas sur ce ton[1] !

Son papa est furieux et il continue à crier après Brandon :

    – Brandon, nous n'avons pas le choix. Tu vas rester avec ta grand-mère et tu vas lui obéir. Et tu vas obéir aux règles de la maison !

    – Oui, Papa. Je vais respecter les règles : Pas

[1]*sur ce ton - with that tone*

d'amis à la maison. Aller directement à l'école. Ne pas conduire ta voiture à toi, ta précieuse T-bird – Brandon répète les règles d'un ton sarcastique !

Maintenant son papa est furieux, mais il ne crie plus. Il lui dit « au revoir » et il part. Sa maman lui caresse les cheveux doucement et lui dit :

– Brandon, je sais que tu es furieux, mais nous n'avons pas le choix. Tu es obéissant et je sais que tu vas obéir à ta grand-mère. Au revoir.

Sa mère part et Brandon ne lui répond pas. Il est frustré. Il est furieux contre sa sœur parce qu'elle ne vient pas, et il est furieux contre son père parce qu'il ne lui permet pas de conduire sa voiture.

Brandon reste au lit. Il reste au lit pendant 3 heures, mais il ne dort pas. Il communique avec ses amis. Il utilise son téléphone portable. Il envoie des textos. Il a une conversation intéressante avec un ami en particulier. Son ami Jake.

11

Non, non, tu ne peux pas. Pas d'amis à la maison.

Peux-tu venir chez moi ?

Non, ma grand-mère et moi, nous allons à l'église[2], puis à la Pizzeria Bianco.

Dans la voiture de ton père ?

Non, personne ne peut conduire sa voiture.

Tu ne peux pas conduire la voiture de ton papa ?

Absolument pas !

Rien n'est absolu. J'ai une idée. Appelle-moi demain !

[2]*l'église - the church*

12

Chapitre 3
La Voiture ne fonctionne pas !

À 6 heures du matin, Brandon se lève. Il se lève tôt parce qu'il veut parler à Jake. Brandon téléphone à Jake sur son portable. « Dring… dring »

– Bonjour ! Pizzeria Bianco, je vous écoute[1]

–dit Jake en répondant au téléphone.

Jake est très drôle. Il répond toujours d'une manière drôle.

[1]je vous écoute - Literally: I'm listening to you.
Figuratively: Go ahead talk, I'm listening to you. (May I help you?)

13

– Salut Jake, qu'est-ce qui se passe ?

– Rien.

– Rien ?

Jake ne dit rien de son idée et Brandon s' impatiente. Brandon lui dit :

– Jake, tu as une idée ou pas ?

– J'ai toujours des idées ! ha ha ha.

Jake a toujours des idées,… pas toujours très bonnes. Les idées de Jake causent des problèmes. Brandon lui demande :

– Quelle est ton idée ?

À ce moment- là, Grand-mère interrompt la conversation :

– Braaaandon...? Veux-tu manger ?

– Oui, Grand-mère, je veux manger... Un
   instant s'il te plaît.

Brandon répète sa question :

   – Quelle est ton idée ?

   – C'est une idée magnifique !

   – Quelle idée ? –Brandon lui demande im-
      patiemment.

Maintenant, Brandon est embêté. Il veut
conduire la voiture de son père, mais il n'a pas la
permission de son père. Brandon ne veut pas de problèmes, mais il se demande : *« Qu'est-ce que c'est,
l'idée de Jake? »* Enfin, Jake lui répond :

   – Si la Buick ne fonctionne pas, tu peux
      conduire la voiture de ton père.

   – Mais la Buick fonctionne parfaitement.

   – Débranche un câble du moteur, et quand
      la Buick ne foncti….

Encore une fois, Grand-mère interrompt la
conversation :

– Braaaandon... ? Que fais-tu ? Viens-tu manger ?

– Oui, Grand-mère –Brandon lui répond avec impatience– Je viens manger dans un moment.

Maintenant, Brandon est très embêté ! Jake a une idée magnifique, mais l'idée n'est pas honnête. Embêté, Brandon dit à Jake :

– Ma grand-mère m'appelle. Je dois y aller.

– Qu'est-ce que tu vas faire ?

– Je ne sais pas.

Jake veut que Brandon puisse conduire la voiture, alors Jake lui dit :

– Mon idée est parfaite! Tu vas pouvoir conduire la voiture.

– Rien n'est parfait… je dois y aller. À bientôt.

« clic »

Brandon va dans la cuisine pour parler avec sa grand-mère. Elle prépare le café dans la cuisine.

– Bonjour, Grand-mère.

– Bonjour, Brandi, qu'est ce que tu veux manger ?

– Des céréales.

Brandon parle avec sa grand-mère et mange ses céréales rapidement. Sa grand-mère commente :

– Brandi, tu manges très rapidement !

– Oui, Grand-mère, je dois aller à l'école un peu tôt.

– Pourquoi ?

– Aaaaa… Pour... pour parler de mon projet de biologie avec Monsieur Dubois.

En réalité, Brandon ne doit pas parler avec Mr. Dubois. Il mange rapidement parce qu'il est embêté. Il pense à l'idée de Jake. Cinq minutes plus tard, Brandon lui dit :

– À bientôt, Grand-mère !

– À bientôt, Brandi.

Brandon entre dans le garage et regarde la voiture de son père. Il la caresse. C'est une voiture incroyable ! C'est une T-bird bleue de 1956. C'est une merveille ! Brandon veut tellement[2] conduire la voiture. Quelle occasion fantastique !

Brandon est hyper nerveux et débranche rapidement le câble du moteur de la Buick. Il rentre dans la maison et appelle sa grand-mère :

> – Grand-mère !... Grand-mère, la voiture ne
> fonctionne pas.
>
> – Comment ça ?
>
> – Le moteur de la Buick ne fonctionne pas.

[2]*tellement - so much*

18

Qu'est-ce que je vais faire ?

– Oh là là ! Je dois aller chez le docteur,
   alors, tu ne peux pas conduire ma voiture.

Brandon est hyper content et s'écrie :

– Alors… je dois conduire la voiture de mon
   père.

– Oui. Tu n'as pas le choix.

Chapitre 4
Un Accident horrible

Brandon monte dans la voiture de son père. Il est hyper content ! Il ne va pas directement à l'école. Il passe devant la maison d'une très belle fille. Elle s'appelle Marianne et elle habite l'avenue Remington. Brandon passe et regarde la maison avec attention. Il veut voir Marianne. Il veut l'impressionner avec sa voiture élégante. Brandon ne la voit pas, alors il va à l'école.

Brandon a la musique très fort dans la voiture en arrivant à l'école. Tous les étudiants admirent la voiture que Brandon conduit. Tous les étudiants crient avec enthousiasme : *« Quelle voiture extraordinaire ! Ta voiture est incroyable ! Je veux conduire ta voiture »* Marianne regarde Brandon et regarde sa voiture. Elle est très impressionnée. Elle veut parler à Brandon, alors elle va lui dire :

– Salut Brandon. Ta voiture est fantastique !

– Merci.

– Veux-tu aller au MacDo après l'école ?

Brandon est très embêté parce que son père dit

qu'il doit aller directement à la maison après l'école. Il lui répond, un peu nerveux :

> – Aaaah… Oui, pourquoi pas ?
>
> – Allons-nous dans ta magnifique voiture ?
>
> – Oui, nous allons dans ma voiture.

Pendant toute la journée, les étudiants parlent de la magnifique voiture de Brandon. Tous les étudiants veulent conduire la voiture, Marianne et Jake aussi. Après la classe de géométrie, Jake dit à Brandon :

> – Je veux conduire la voiture de ton père après l'école.
>
> – Désolé Jake, mais je vais au MacDo avec Marianne.

Jake est tellement furieux qu'il ne lui parle pas pendant le reste de la journée.

Après l'école, Marianne rejoint Brandon. Elle le rejoint dans sa voiture. Brandon parle au téléphone :

> – Oui, Grand-mère. Je vais directement à la maison après la conversation avec M. Dubois… oui, Grand-mère… à bientôt.

Marianne regarde Brandon et regarde sa voiture. Elle lui dit :

> – Brandon, ta voiture est super.

– Merci, Marianne. Tu veux aller au MacDo
   maintenant ?
– Oui. Allons-y !

Marianne et Brandon sortent de l'école. Quand
ils arrivent au MacDo, Brandon passe par le 'Mac-
Drive' et il commande deux hamburgers et des
frites[1]. Le serveur lui pose la question :

   – Voulez-vous le menu super-size pour
      trente-neuf cents de plus ?

[1]frites - French fries

23

– Bien sûr[2] ! Je veux beaucoup de ketchup
aussi, s'il vous plaît.

Quand la nourriture arrive, Brandon gare[3] la voiture. Brandon et Marianne restent dans la voiture pour manger les hamburgers et les frites. Ils parlent joyeusement dans la voiture. Brandon veut plus de ketchup et il dit à Marianne :

– Passe-moi un sachet de ketchup s'il te
plaît.

En passant le ketchup, il y a un accident ! Un accident horrible! Le sachet de ketchup explose ! Le sachet explose comme un volcan. Quelle explosion ! Quelle explosion violente ! Il y a du ketchup partout dans la voiture ! Brandon regarde le ketchup et crie
:

[2]*bien sûr - of course*
[3]*gare- parks*

24

– Quelle catastrophe ! Qu'est-ce que je vais faire ?

Quelle catastrophe ! Qu'est-ce que je vais faire ?

– J'imagine que tu vas nettoyer l'intérieur de la voiture –Marianne lui répond d'un ton sarcastique .

Brandon veut faire comme si tout va bien, alors il continue à manger ses frites et à parler avec Marianne. Une heure après, Brandon reconduit Marianne chez elle et lui dit *« au revoir »*. Puis, il va rapidement à la maison pour nettoyer l'intérieur de la voiture.

Chapitre 5
Une Mission importante

En arrivant à la maison, Brandon va directement dans sa chambre pour parler du problème avec Jake. Brandon utilise son portable pour téléphoner à Jake.

– Jake, j'ai besoin d'aide, de ton aide.

Jake est toujours furieux et ne lui répond pas. Brandon implore Jake :

– Jake, s'il te plaît ! Il y a eu un accident dans la voiture. J'ai besoin de ton aide !

– Comment ? Un accident ? –Jake le lui demande avec ironie.

Brandon lui répond impatiemment :

– Jake ce n'est pas drôle !

– Qu'est-ce qui s'est passé ?

– Alors, Marianne et moi, nous sommes allés…

Une voix familière interrompt sa conversation :

– Braaaadon… –appelle sa grand-mère.

Brandon lui répond impatiemment.

– Oui, Grand-mère.

– À table !

– Un instant ! –Brandon lui répond irrité.

Brandon ne veut pas manger. Il veut nettoyer la voiture. Il parle rapidement et explique l'accident à Jake. Puis, il va à la cuisine. Sa grand-mère pose beaucoup de questions, mais Brandon ne veut pas parler. Brandon pense à l'accident. Il doit nettoyer l'intérieur de la voiture, mais comment ?

À ce moment, Jake lui envoie un texto : *« On utilise le vinaigre pour nettoyer le ketchup »*.

Brandon ne veut pas manger et il ne veut pas parler. Il veut chercher le vinaigre. Après le dîner, sa grand-mère regarde la télé et Brandon cherche le vinaigre. Brandon cherche dans le garage. Il cherche partout, mais il ne le trouve pas. Alors, il cherche dans la cuisine. Pendant qu'il cherche, sa grand-mère entre dans la cuisine et lui demande :

    – Qu'est-ce que tu cherches ?

    – Le vinaigre.

    – Le vinaigre ? Pourquoi ?

Brandon invente une excuse :

    – C'est pour mon projet de biologie.

    – Quel projet intéressant !

Sa grand-mère aide Brandon à chercher le vinaigre. Elle le trouve immédiatement. Brandon est content et s'écrie :

    – Tu es un ange, Grand-mère !

Sa grand-mère caresse doucement les cheveux de Brandon et lui dit :

    – De rien, Brandi. ha ha ha.

Alors, elle va dans sa chambre et Brandon va au garage. Il regarde l'intérieur de la voiture et pense : « Quelle catastrophe ! » Brandon verse[1] du vinaigre sur une éponge. Il nettoie pendant dix minutes, mais sans succès. Le ketchup reste. Alors, il verse plus de vinaigre sur l'éponge et continue à nettoyer. Il nettoie pendant dix minutes de plus, mais toujours sans succès. Le ketchup reste toujours !

Maintenant, Brandon est désespéré, alors il verse du vinaigre directement sur le ketchup. Il verse le vinaigre partout dans la voiture ! Il nettoie pendant deux heures, et le seul résultat est une odeur terrible !

Maintenant, il a deux problèmes : du ketchup partout dans la voiture de son père et l'odeur horrible du vinaigre.

[1]*verse - pours*

Brandon va dans sa chambre et communique avec Jake par texto : « *Je suis désespéré ! La voiture est un désastre. Aide-moi !* » Jake lui répond : « *Demain, après l'école, allons aux "Belles Voitures"* »

Brandon est fatigué, mais il ne peut pas dormir à cause du stress. Il ne dort pas beaucoup.

Le matin, Brandon se lève à six heures. Il ne mange pas et il ne dit presque rien à sa grand-mère. Il lui dit seulement :

> – Grand-mère, je vais faire une expérience au laboratoire après l'école.

> – Une expérience avec du vinaigre ?

> – Aaaa… Oui. Avec du vinaigre.

> – Je veux un rapport complet de l'expérience –lui répond sa grand-mère.

Brandon lui dit « *au revoir* » et va à l'école. Il pense à nettoyer la voiture pendant toute la journée. Il parle un peu avec Marianne. Elle veut aller au Café du Jour, mais Brandon lui explique qu'il doit nettoyer la voiture.

Brandon et Jake se rejoignent après l'école et ils

vont aux « Belles Voitures ». Quand ils arrivent, le monsieur demande à Brandon :

> – Qu'est-ce que je peux faire pour vous ?
> – Je voudrais un nettoyage de l'intérieur de la voiture, s'il vous plaît.

Le monsieur regarde dans la voiture et s'exclame :

> – Oh là là ! Quelle horrible odeur ! Quelle catastrophe !
> – Oui, je le sais –Brandon lui répond, un peu irrité– Combien coûte le nettoyage ?
> – Deux cents ($200) pour le nettoyage et cent ($100) pour désodoriser la voiture.
> – Trois cents dollars ! –s'exclame Brandon– le nettoyage coûte cher !

Brandon n'a pas le choix. Des professionnels nettoient la voiture. Ensuite, Brandon inspecte l'intérieur de la voiture. La T-bird est comme neuve! La voiture n'a plus l'odeur du vinaigre !

Chapitre 6
Un Baiser incroyable !

Après le nettoyage de la voiture, Brandon rentre à la maison. Il arrive à 17 h 30, mais il ne rentre pas dans la maison immédiatement. Il reste dans la voiture pour envoyer un texto à Marianne : « *Café du Jour demain matin @ 7 h 30 ?* ».... « *Oui* ». « *Je viens à 7 h 15* »... « *Parfait* ».

Brandon est hyper content. Il entre dans la maison où il voit sa grand-mère dans la cuisine.

> – Bonjour, Grand-mère.
>
> – Bonjour, Brandon. Comment s'est passé l'expérience ?
>
> – Aaaah… bien.
>
> – Quel était le résultat ?
>
> – Aaaa… alors… On a seulement fait les préparatifs –Brandon répond un peu embêté.

Brandon et sa grand-mère parlent pendant que sa grand-mère prépare des crêpes. Brandon regarde les crêpes et il veut manger, il a faim !

> – As-tu faim ? –sa grand-mère lui demande.
>
> – Ouais ! J'ai faim !

33

Après le dîner, Brandon va dans sa chambre. Il est très fatigué ! Il ne se connecte pas à Facebook, il n'envoie pas de texto aux amis, et il ne téléphone pas à ses amis. Il s'endort immédiatement. Il dort toute la nuit.

Le matin, Brandon se lève à 6 h 30. Il se lève tôt parce qu'il va au Café Du Jour avec Marianne. Il sort de la maison à 7 h du matin. Quand il sort, sa grand-mère dort toujours.

Brandon conduit la voiture chez Marianne et y arrive à 7 h 10. Marianne est devant chez elle. Elle court vers la voiture et Brandon lui dit doucement :

– Salut, Marianne.

– Salut ! –elle lui répond tendrement.

Les deux partent pour le Café Du Jour. En y arrivant, Brandon passe par le 'drive-in' où il commande deux Frappuccinos et puis il gare la voiture. Brandon et Marianne restent dans la voiture pour prendre les Frappuccinos. Ils parlent de l'école et des amis, et ils fixent une date pour dîner à un restaurant français un vendredi soir. Ils parlent beaucoup et puis il y a un moment de silence. Brandon veut embrasser Marianne. Il veut tellement l'embrasser.

Il imagine un long baiser, quand Marianne s'exclame :

– Oh là là ! Il est 7 h 55 ! Partons d'ici !

Brandon ne veut pas partir ; il veut embrasser Marianne. Il veut tellement l'embrasser, mais il recule[1] la voiture pour partir.

Brandon pense : « *Je veux un baiser. Quand est-ce que nous allons nous embrasser ?* » À ce moment, quelque chose d'incroyable arrive : « boum ! » Mais, ce n'est pas un baiser. C'est un choc ! Ce n'est pas un choc violent, mais pour Brandon c'est un choc énorme ! Brandon est hystérique ! Il crie : « Nooooooon ! »

[1]recule - *backs up*

Le chauffeur de l'autre voiture regarde Brandon
et lui dit :

  – Selon moi, c'est seulement un petit choc !

  – Un petit choc ? –crie Brandon.

  – Oui, exactement, un petit choc. Comme
  une… une… une bise[2].

  – Une bise ?

  – Oui ! Ce n'est pas un choc ; selon moi, simplement c'est une petite bise ! Ha ha ha

Brandon regarde la voiture de son père. Il voit
une éraflure[3]. L'éraflure est petite, mais pour Brandon, elle est énorme ! Il s'écrie :

  – Oh là là là ! Regarde l'éraflure !

[2]*bise - little kiss, peck*
[3]*une éraflure - a scratch*

– Elle est toute petite –Marianne lui dit calmement.

– L'éraflure est énorme ! –Brandon lui répond, complètement paniqué.

– Calme-toi, Brandon ! On peut la réparer.

L'autre chauffeur regarde sa voiture et dit à Brandon :

– Ma voiture n'a rien. C'est juste une petite
bise ! ha ha ha !

Le chauffeur part. Brandon regarde l'éraflure en
silence et pense à la réparation.

Chapitre 7
Une Réparation urgente !

Quand Brandon et Marianne arrivent à l'école, tous les étudiants sont au gymnase pour une présentation spéciale. En entrant dans le gymnase, Brandon cherche Jake, mais il ne le trouve pas. Brandon lui envoie un texto : *« Où es-tu ? »*... *« Chez moi. Je ne suis pas à l'école »*, lui répond Jake. Immédiatement, Brandon lui envoie un autre texto : *« Aide-moi ! »*

Brandon et Jake se communiquent par textos. Brandon lui parle de l'accident, et de l'éraflure à cause du choc. Jake cherche des réparateurs auto sur Internet. Il trouve trois possibilités : "Les Pros de la réparation", "Les Bons Réparateurs", et "La Peinture Parfaite ".

Après l'école, Brandon va voir les réparateurs. Il va aux "Pros de la réparation" et il demande :

– Combien ça coûte pour réparer une éraflure ?

Le monsieur regarde l'éraflure et lui répond :

– Cinq cents dollars ($500.00).
– Ouh lala ! Ça coûte cher !
–s'écrie Brandon.

Alors, Brandon part voir un autre réparateur. Il va à "La Peinture Parfaite" et il leur dit :

– La voiture a une éraflure. Combien ça

coûte pour réparer une éraflure ?

Le monsieur regarde l'éraflure et lui répond :

– Six cent cinquante dollars ($650).

– Oh là là ! Ça coûte cher ! –s'écrie Brandon.

Brandon part voir un autre réparateur. Il va aux
"Bons Réparateurs" et il leur dit :

– Combien pour réparer une toute petite[1] éraflure ?

Le monsieur regarde l'éraflure et lui répond :

– Je ne sais pas exactement. Je dois calculer
le job. Je vais t'appeler plus tard avec le
devis[2].

Brandon rentre chez lui. Il arrive à la maison à
17 h 30. Quand il entre dans la maison, sa grand-
mère est dans la cuisine en train de préparer des
hamburgers.

– Bonjour, Grand-mère.

– Bonjour, Brandi. Tu as passé une bonne
journée ?

– Bien.

– Et comment s'est passée l'expérience ?

– Aaaa…l'expé..ri..

[1]*toute petite - tiny*
[2]*devis - estimate*

À ce moment, son portable interrompt la conversation : « dring dring » Brandon dit *« Excuse-moi »* à sa grand-mère et va dans sa chambre pour répondre au téléphone.

Allô

– Allô ! –dit la voix– Je suis Gérard Lanvin des "Bons Réparateurs". Je veux parler à Brandon, s'il vous plaît.
– Oui –dit Brandon– C'est moi.
– Oh, bonjour. J'ai le devis.
– Oui, je vous écoute…
– Deux cent cinquante dollars. ($250)

Brandon est content du devis. Il dit *« Merci »* à Gérard et appelle Jake immédiatement ! Ils parlent de l'accident, des réparations et de ses projets d'aller au restaurant avec Marianne. Pendant qu'ils parlent, une voix familière interrompt la conversation.

– Braaaandon...

– Oui, Grand-mère, un instant s'il te plaît.

Brandon continue à parler avec Jake.

– Quand est-ce que tu vas faire réparer la voiture ?

– Demain, après l'école.

– Bonne idée. Tu veux que je t'accompagne ?

– Oui !

La grand-mère de Brandon l'appelle :

– Braaaandon!...

Vite, Brandon confirme les projets avec Jake :

– Allons-y demain après l'école.

– Oui, à demain.

Brandon va à la cuisine et parle avec sa grand-mère. Elle pose beaucoup de questions et Brandon répond à toutes les questions. Brandon n'a pas grand faim, et il ne mange pas beaucoup. Après le dîner, il regarde la télé. À 21 h, il va dans sa chambre. Il est très fatigué. Il s'endort immédiatement.

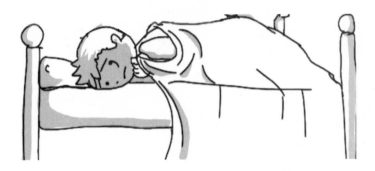

Le matin, Brandon se lève à 6 h. Il parle avec sa grand-mère et mange un peu de céréales. Puis, il sort de la maison pour aller à l'école. Pendant la journée, Brandon parle avec Jake de la réparation et avec Marianne des projets de vendredi soir. Brandon confirme le rendez-vous avec Marianne : *« Je viens chez toi à 18 h »*.

Après l'école, Brandon et Jake vont aux "Bons Réparateurs".

– Bonjour, je suis Brandon. Nous avons parlé

au téléphone de la réparation d'une petite éraflure…

– Bien sûr, voulez-vous prendre rendez-vous[3] pour la réparation ?

– Un rendez-vous ?! Je dois prendre un rendez-vous ?!

– Oui. On doit prendre rendez-vous.

Brandon, un peu irrité maintenant, lui répond :

– Est-ce qu'on peut la réparer maintenant ?

– Maintenant ? Pas possible. Je suis désolé.

Brandon est désespéré. Il veut faire faire la réparation immédiatement ! Brandon, paniqué maintenant, demande à Jake :

– Qu'est-ce qu'on va faire ?

– Calme-toi ! J'ai une idée ! Nous pouvons la réparer, toi et moi !

Jake lui explique son idée. Puis, ils vont à Walmart®, pour chercher de la peinture. Ils sortent de Walmart® avec de la peinture et un paquet de marqueurs Sharpie®.

Puis, ils vont chez Jake pour expérimenter avec toutes les peintures. Ils décident d'utiliser le marqueur bleu parce que la couleur va très bien avec le

[3]*prendre rendez-vous - to make an appointment*

 bleu de la voiture. Ils peignent l'éraflure avec le marqueur Sharpie® bleu et La voiture est presque comme
neuve.

Chapitre 8
Un Rendez-vous incroyable !

Enfin vendredi ! Il est 17 h 45 et Brandon doit partir pour aller chez Marianne. Il ne veut pas arriver en retard. Il dit à sa grand-mère :

– Grand-mère, je dois partir.

– Où vas-tu ?

– Au match de football américain.

– D'accord, Brandi, à bientôt.

Brandon part pour aller chez Marianne. Pendant

qu'il conduit, il pense à embrasser Marianne. Il pense : « *ce soir, si tout va bien...* ». Quand il arrive chez elle, Marianne court à la voiture parce qu'il pleut[1] un peu.

Brandon et Marianne vont au restaurant et quand ils arrivent, il pleut toujours. Brandon gare la voiture et les deux courent au restaurant parce qu'il pleut un peu plus maintenant. Ils entrent dans le restaurant et ils commandent deux cocas. Ils sont contents. Ils se parlent, quand Brandon entend une voix familière et il interrompt la conversation :

    – Ouh la la ! C'est ma grand-mère !

    – Où ?

    – À la porte !

[1]*pleut* - it is raining

47

La grand-mère de Brandon entre dans le restaurant avec une amie. Évidemment Brandon ne veut pas voir sa grand-mère. Marianne ne comprend pas et demande à Brandon :

> – Y a-t-il un problème ?

> – Oui, ma grand-mère pense que je suis au match de football. Nous devons partir.

À ce moment, Brandon se lève et lui dit :

> – Cours !

Marianne se lève et les deux sortent du restaurant en courant. Il pleut beaucoup. Quand ils arrivent à la voiture, il pleut à torrents ! Marianne crie à Brandon :

> – Vite ! Ouvre la porte !

Brandon veut ouvrir la porte, mais il ne peut pas trouver les clefs². Il n'a pas de clefs. Il cherche les clefs pendant encore une minute, mais il ne les trouve pas. Brandon dit à Marianne :

²*clefs* - keys

– Marianne, tu dois retourner dans le restaurant pour chercher les clefs. Je ne peux pas y aller; je ne veux pas voir ma grand-mère.

Marianne retourne pour chercher les clefs. Pendant qu'elle les cherche, Brandon regarde dans la voiture. Il voit les clefs, mais les portes sont fermées à clef[3] !

Quand Marianne sort du restaurant, elle court vers Brandon. Brandon lui dit :

– J'ai trouvé les clefs. Elles sont dans la voiture

– Quelle chance !

– Non, Pas de chance ! Les portes sont fermées à clef.

– C'est horrible ! Qu'est-ce qu'on va faire ?

Brandon cherche son portable et lui répond :

– Je vais appeler "Les Pros des Portes".

Brandon n'a pas son portable. Il le cherche, mais il ne le trouve pas. Il regarde dans la voiture et voit le portable dans la voiture avec les clefs. Brandon lui dit :

– Marianne, mon portable est aussi dans la voiture,. Je peux utiliser ton portable, s'il te

[3]*fermées à clef - locked*

49

plaît ?

– Marianne, mon portable est aussi dans la voiture. Je peux utiliser ton portable, s'il te plaît ?

– Je ne l'ai pas. Il est chez moi.

Il pleut toujours à torrents, alors Marianne dit à Brandon :

– Allons, rentrons dans le restaurant. Il pleut à torrents !

– Je ne peux pas rentrer dans le restaurant, mais toi tu peux –Brandon lui répond– Va dans le restaurant et utilise le téléphone. Appelle "Les Pros des Portes".

Marianne entre dans le restaurant et elle appelle «Les Pros des Portes». Brandon reste à la voiture. Une heure plus tard, il pleut toujours et un représentant des « Pros des Portes » arrive au restaurant. Le représentant a un outil[4] pour ouvrir les portes fermées à clef. Il ouvre la porte avec l'outil, mais quand il l'ouvre, il fait une éraflure à la porte. Le représentant regarde l'éraflure et dit à Brandon :

– Normalement, ça coûte cent dollars pour ouvrir une porte fermée à clef, mais ce soir

[4]*outil - tool*

50

ça ne coûte rien.

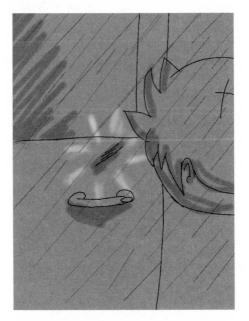

Le représentant part. Brandon regarde l'éraflure et regarde Marianne. Puis, il s'écrie :

– Aaaaaayyyy ! Cette voiture va me ruiner !

Le dîner est une catastrophe et évidemment, Marianne ne lui donne pas de baiser !

Chapitre 9
Une Photo spéciale

Samedi matin Brandon se lève à 9 heures. Il cherche le marqueur bleu Sharpie® pour réparer l'éraflure de la porte de la voiture. Pendant qu'il cherche le marqueur, il pense aux événements de la semaine. Il pense à la T-bird et à Marianne. Brandon imagine l'embrasser quand le téléphone de la maison interrompt ses pensées : « dring dring »

– Allô.

– Bonjour Brandon –sa mère lui répond.

– Bonjour, maman !

– Brandon, je suis désolée, mais nous n'allons pas revenir aujourd'hui parce qu'il y a un problème avec le vol –lui dit sa mère.

– Demain ? –Brandon lui répond avec joie.

– Oui, demain. Je veux parler avec Grand-mère s'il te plaît.

Brandon va chercher sa grand-mère en courant :

– Graaand-mèèère ! Maman veut te parler.

Brandon donne le téléphone à sa grand-mère. Il est très content. Maintenant, il a une nouvelle chance de sortir avec Marianne. Il lui envoie un texto : « *Désolé. Je sais que le dîner a été une catastrophe* »...Marianne ne lui répond pas et Brandon lui envoie un autre texto : « *Je veux avoir une nouvelle chance* »... « *Tu veux sortir avec moi ce soir ?* » Elle ne lui répond pas. Désespéré, Brandon lui envoie un texto final : « *Si tu me donnes une nouvelle chance, tu peux conduire ma voiture* ».

Deux minutes après, Brandon voit deux textos : « *Désolée. Je dormais* ». « *Allons à la fête d'Adrienne. Viens chez moi à 19 h* ».

Maintenant, Brandon est hyper content et il

passe toute la journée à penser à Marianne. À 18 h 45, Brandon sort de la maison. Il dit à sa grand-mère :

> – Grand-mère, je m'en vais.
>
> – Où vas-tu ?
>
> – Je vais chez Jake –il lui répond, un peu nerveux.
>
> – Rentre avant minuit[1], s'il te plaît.
>
> – OK. Bonsoir, Grand-mère.

Brandon va chez Marianne. Quand il arrive, son père est devant la maison. Le père dit à Brandon :

> – Bonsoir, je m'appelle Charles. Je suis le père de Marianne.
>
> – Bonsoir, je m'appelle Brandon.

À ce moment, Marianne sort de la maison. Elle court vers son père et lui fait la bise. Puis, elle lui dit bonsoir et Brandon et Marianne vont à la fête. Pendant qu'il conduit, Marianne parle beaucoup. Elle parle de sa famille, de ses amies et de l'école. Elle ne dit rien au sujet de conduire la voiture. Brandon est content, parce qu'en réalité il ne veut pas que Marianne conduise la voiture.

Quinze minutes après, ils arrivent chez

[1]avant minuit - before midnight

Adrienne. Il y a beaucoup de belles voitures devant la maison. C'est une grosse maison. Brandon et Marianne entrent dans la maison en admirant tout. Quelle maison magnifique !

Il y a beaucoup de filles dans la maison. Il y a un groupe d'amis dans la cuisine. Il y a aussi beaucoup de nourriture délicieuse. Une fille regarde une vidéo sur « YouTube » et les autres dansent.

> – Tu veux danser ? –Brandon demande à Marianne.
>
> – Oui. Bien sûr.

Ils dansent ensemble et Brandon pense à embrasser Marianne. Pendant qu'ils dansent, une fille prend une photo[2] d'eux. Marianne regarde la photo et s'écrie :

> – C'est une photo spéciale. Quelle belle
> photo !

Marianne et Brandon sont très contents. C'est une fête fabuleuse ! À 23 h 40, Brandon voit l'heure et s'exclame :

> – Oh là là, il est 23 h 40, nous devons nous
> en aller !

Brandon et Marianne partent en courant. Quand ils arrivent à la voiture, Marianne dit à Brandon :

> – Je veux conduire.

Brandon ne veut pas qu'elle conduise la voiture de son père mais il ne veut pas dire « *non* » à Marianne. Alors, Brandon lui répond :

> – OK.

Marianne est hyper contente ! Elle est tellement contente, qu'elle lui donne un baiser. Elle donne un long baiser à Brandon ! Enfin, elle l'embrasse. Brandon est hyper content. Il pense : « *quel baiser magnifique !* » Puis Marianne sort la voiture sur la route.

[2] *prend une photo - takes a photo*

Elle conduit vite et Brandon est un peu nerveux.

> – Calme-toi, Brandon. Je suis un excellent
> chauffeur. Ha ha ha...

Brandon se calme et Marianne conduit plus vite.
À ce moment, « Phumff », il y a un flash brillant.

> – Qu'est-ce que c'était ?
> – Une autre photo spéciale.

Chapitre 10
Le Nouvel Houdini

Brandon arrive chez lui un peu en retard. Quand il rentre dans la maison, sa grand-mère dort. Brandon va dans sa chambre et il envoie un texto à Jake. « Quelle belle nuit ! Enfin, elle m'a donné un baiser. » Jake et Brandon se parlent par texto pendant trente minutes. Ils se parlent des événements de la semaine, du baiser incroyable et de la "photo spé-

ciale". À la fin de la conversation, Jake lui dit :
« *Brandon si tu arrives à t'échapper de tous les pro-blèmes de cette semaine, je vais t'appeler Houdini !* »

Après la conversation, Brandon se connecte à Facebook où il voit un commentaire de Jake : « *Bran-don Brown est un grand artiste de l'évasion. Appe-lons le[1] Houdini !* »

Brandon répond : « ha ha » et il se déconnecte de Facebook. Il s'endort rapidement.

Le matin, Brandon se lève très content. Il entre dans la cuisine où sa grand-mère prépare des crêpes. Pendant qu'ils mangent ses crêpes, ses parents arri-vent à la maison. Ils entrent dans la maison en s'ex-clamant :

– Bonjour, Brandon ! Bonjour, Grand-mère!

– Bonjour ! –les deux répondent.

Les parents de Brandon parlent de leurs va-cances et ils demandent à Brandon et sa grand-mère comment s'est passée la semaine à la maison. La grand-mère leur répond sincèrement :

– Tout s'est très bien passé. Selon moi, Bran-don est un ange !

La famille se parle pendant longtemps. Puis,

[1]appelons le - call him

Grand-mère part chez elle. La mère de Brandon inspecte la maison et son père va au garage pour inspecter les voitures. Le père inspecte la Buick et répare le câble. Ensuite, il inspecte sa T-bird de 1956. Pendant qu'il l'inspecte, Brandon entre dans le garage. Brandon regarde son père et il est très nerveux.

Son père inspecte la voiture pendant une éternité, et enfin il rentre dans la maison. Brandon se calme et il rentre dans la maison aussi. Brandon et ses parents passent le reste de la journée à parler et à regarder les photos des vacances. À la fin de la journée, tous les trois sont très contents.

Pendant les jours suivants[2], Brandon anticipe les conséquences de tous les problèmes qu'il a eus pendant les vacances de ses parents, mais il n'y a pas de conséquences ! Il n'y a pas une seule conséquence ! Brandon et ses amis célèbrent les exploits fabuleux de Brandon Brown. Pour les étudiants, Brandon Brown est le nouvel Houdini, le héros qui échappe aux problèmes. Tous les étudiants l'appellent *« Houdini »*. Brandon est très content !

Vendredi, Brandon rentre chez lui à 17 h 30 et il va dans sa chambre. Il parle avec ses amis sur Facebook. Il parle aussi à Jake par textos : *« Houdini, que se passe-t-il ? » « Rien »*… Pendant que Brandon parle avec ses amis, son père est dans la cuisine et regarde le courrier[3].

Il y a une enveloppe spéciale. C'est une enveloppe de la police.

[2]*suivants - following*
[3]*courrier - mail*

Son père ouvre l'enveloppe et il voit une photo spéciale ! Son père devient furieux quand il regarde la photo ! Furieux,il crie :

– BRAAAANDON!

La furie dans la voix de son père est évidente ! Brandon envoie un texto à Jake : « *Ne m'appelle plus jamais[4] Houdini !* »

[4]*jamais - never*

Police
Avis de contravention

	Nom Brown, Benjamim
	adresse 555 Rue Denver, CO 55555
	Véhicule Thunderbird 1956 bleue

Limite de vitesse 45	Vitesse enregistrée 67	Amende $350

Date 8 mai	Heure 23 h 49	Radar #22

~ Fin ~

Glossaire

a - to
il a - he has
à - to
il aide - he helps (aider)
aller - to go
allons - let's go (aller)
allons-y - let's go (there) (aller)
alors - so
l'ami - friend (male)
l'amie - friend (female)
les amies - friends (all female)
les amis - friends
ans - years
appeler - to call
il appelle - he calls (appeler)
je m'appelle - my name is
il/elle s'appelle - his/her name is
appelons - let's call (appeler)
après - after
as - you have (avoir)

aujourd'hui - today
aussi - also
autre - other, another
autres - others
avant - before
avec - with
avoir - to have
nous avons - we have (avoir)
un baiser - a kiss
beaucoup - a lot
belle(s) - pretty, beautiful
besoin - need
bien - well, fine
bien sûr - of course
bientôt - soon
bise - little kiss, peck
bonjour - good morning
bonne(s) - good *(fem., pl.)*
bons - good *(masc. pl.)*
bonsoir - good evening
ça - this
cent - hundred
cents - hundreds
c'est - this is, it is

64

cette - this *(fem.)*

cher - dear, expensive

il cherche - he looks for (chercher)

chercher - to look for

tu cherches - you look for

cheveux - hair

chez - house of

choc - crash, collision

chose - thing

cinq - five

cinquante - fifty

classe - class

clef(s) - key(s)

combien - how many

commande - orders (commander)

commandent - they order

comme - like, as

comment - how

comment s'est passé ? - how did it go?

conduire - to drive

il conduise - drives *(subjunctive)* (conduire)

il conduit - he drives (conduire)

contre - against

coûte - costs *(verb)*

courant - running (courir)

ils courent - they run (courir)

le courrier - the mail

il court - he runs (courir)

court - short

la cuisine - kitchen

il écoute - he listens (écouter)

d'accord - agreed

dans - in, into

il débranche - he disconnects

demain - tomorrow

demande - asks, questions

demandent - they ask, question

désolé - sorry *(masc.)*

désolée - sorry *(fem.)*

deux - two

devant - in font of

il devient - becomes (devenir)

Glossaire - (Present Tense)

le devis - the estimate

nous devons - we must (devoir)

d'ici - from here

dire - to say

il dit - says

dix - ten

tu dois - must (devoir)

il doit - he must (devoir)

il a donné - he gave

il donne - he gives (donner)

tu donnes - you give (donner)

je dormais - I was sleeping

dormir - to sleep

il dort - he sleeps (dormir)

doucement - sweetly/gently

échapper - to escape

échappe - escapes (échapper)

l'école - school

il écoute - he listens

il s'écrie - he exclaims, cries

l'église - church

elle - she

elles - they *(fem.)*

embrasser - to kiss

embêté - nervous, upset

encore - again, still

encore une fois - again

enfin - finally

ensemble - together

ensuite - then

il entend - he hears (entendre)

il envoie - he sends (envoyer)

envoyer - to send

l'éraflure - the scratch

tu es - you are (être)

il est - he is (être)

et - and

a eu - had (avoir)

les événements - events

il a faim - he is hungry

faire - to make, to do

je fais - I make, do

il fait - he makes, does

fermée(s) à clef - locked *(pl.)*

fille(s) - girl(s)

fixent - they set (a date)

fort - strong

le français - French

les frites - the French fries

la fête - the party

il gare - he parks a car (garer)

grosse - big

heure(s) - hour(s)

il - he

il y a - there is, there are

ils - they *(masc.)*

j'ai - I have

jamais - never

je - I

jour(s) - day(s)

journée - day

là - there

il l'embrasse - he kisses him/her (embrasser)

les - the (pl.)

leur(s) - their (pl.)

le lit - the bed

longtemps - long time

lui - to him or to her

il lève - raises (lever)

ma - my

maintenant - now

mais - but

la maison - house

maman - mom

il mange - he eats (manger)

ils mangent - they eat (manger)

manger - to eat

tu manges - you eat (manger)

le matin - the morning

merci - thank you

mes - my (pl.)

minuit - midnight

moi - me

mon - my *(masc.)*

le monsieur - the man

il monte - gets on, climbs, ascends

la mère - mother

ne ___ pas - not

il nettoie - he cleans (nettoyer)

ils nettoient - they clean (nettoyer)

le nettoyage - the cleaning, the washing

nettoyer - to clean

neuf - new *(masc.)*

neuve - new *(fem.)*

non - no

nous - we

nouveau - new *(masc.)*

nouvel - new (masc. form used with words that start with a vowel)

nouvelle - new *(fem.)*

la nuit - the night

où - where

on - one

ou - or

ouais - yeaaah !

oui - yes

outil - tool

ouvre - opens

ouvrir - to open

par - by, through

parce que - because

parfait(e)- perfect *(fem.)*

parfaitement - perfectly

il parle - he speaks (parler)

ils parlent - they speak (parler)

parler - to speak

se parler - to talk to each other

partout - everywhere

peignent - they paint (peindre)

la peinture - the paint

pendant - during

il pense - he thinks (penser)

penser - to think

les pensées - thoughts

permet - permits (permettre)

peu - little

peut - he can (pouvoir)

peux - I can (pouvoir)

pleut - rains (pleuvoir)

plus - more

la porte - door

pour - for

pourquoi - why

pouvoir - to be able to

pouvons - we can (pouvoir)

le père - the father

il prend - he takes (prendre)

prendre - to take

presque - almost

puis - then

il puisse - he can *(subjunctive)* (pouvoir)

quand - when

quatre - four

que - what

quel - which *(masc.)*

quelle - which *(fem.)*

quelque - some

qui - who

quinze - fifteen

rapport - report

il reconduit - he drives back (reconduire)

il recule - he backs up

il regarde - he looks at (regarder)

regarder - to look at

les règles - the rules

rendez vous - meeting

il reste - he stays (rester)

ils restent - they stay

rester - to stay

tu restes - you stay (rester)

en retard - late

revenir - to come back

au revoir - good-bye

rien - nothing

le sachet - the packet

je sais - I know (savoir)

salut - hi

samedi - Saturday

sans - without

il sauve - he saves

seize - sixteen

selon - according to

semaine - week

il s'endort - he falls asleep (s'endormir)

seul - alone *(masc.)*

seule - alone *(fem.)*

seulement - only

si - if

s'il te plaît - please

six - six

69

Glossaire - (Present Tense)

le soir - the evening
sont - are (être)
sort - leaves, exits (sortir)
sortent - they leave (sortir)
sortir - to exit
bien sûr - of coarse
je suis - I am
suivants - following
le sujet - the subject
sur - on
la sœur - sister
tard - late
tellement - so
toujours - always, still
tous - all (masc. Pl)
tout - all (all masc. Sing.)
toute - all (fem. Sing.)
toutes - all (fem. pl.)
en train de (+inf) - in the middle of… or in the process of ….
trente - thirty
trois - three
il a trouvé - he found
il trouve - he finds (trouver)

trouver - to find
très - very
tôt - early
tu - you
les étudiants - the students
un(e) - a
il va - he goes (aller)
je vais - I go (aller)
tu vas - you go (aller)
vendredi - Friday
venir - to come
vers - toward
verse - pours (verser)
ils veulent - they want (vouloir)
il veut - he wants (vouloir)
je veux - I want (vouloir)
je viens - I come (venir)
il vient - he comes (venir)
vingt - twenty
vite - fast
voir - to see
il voit - he sees (voir)
la voiture - the car
la voix - the voice
le vol - the flight

ils vont - they go (aller)
voudrais - I would like
    (conditional) (vouloir)
vous voulez - you want
    (vouloir)
vous - you plural
y - the

**To view a list of cognates,
turn a few pages and flip the book over.**

On the following
reversed pages
you will find a
list of cognates.